PENSIONS MILITAIRES

APPLICATION DE LA LOI DU 31 MARS 1919

BARÈMES

PAR

J. CARNAUD

MASSON & Cie ÉDITEURS
LIBRAIRES DE L'ACADÉMIE DE MÉDECINE
PARIS

Guide de l'Expert
aux
Commissions de Réforme

PENSIONS MILITAIRES
APPLICATION DE LA LOI DU 31 MARS 1919

Guide de l'Expert aux Commissions de Réforme

par

J. GARNAUD
Médecin-Major de 1re Classe

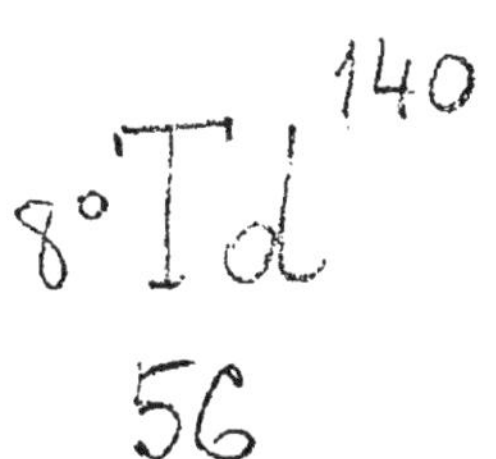

MASSON ET Cie, ÉDITEURS
LIBRAIRES DE L'ACADÉMIE DE MÉDECINE
120, BOULEVARD SAINT-GERMAIN, PARIS, VIe
1919

PRÉFACE

Les droits stipulés par la Loi du 21 mars sont ouverts du fait de la promulgation de cette loi et sans être subordonnés à celle du Règlement d'Administration publique.

On doit donc en matière d'indemnisation établir la proposition prévue par la Loi. (C. M. 828 C/17 du 7 juin 1919.)

Écrit en un style très simple, ce livre concis contient l'utile de ce que doit connaître tout médecin susceptible de prendre part aux Commissions de réforme.

Il s'adresse également aux médecins désireux d'assister les mutilés lors de leurs examens aux Centres de réformes. Il peut rendre service à ceux de nos confrères qui seront appelés à siéger comme juges aux Tribunaux des pensions et à ceux commis par ces Tribunaux comme experts vérificateurs.

Il résume une série de conférences pratiques faites au Centre de Réforme des Tourelles à des camarades; sur leur demande je les publie. Elles sont empreintes de la doctrine libérale créée par la Commission consultative médicale, remplissant actuellement le rôle de Comité consultatif de santé.

J'ai essayé de mettre au point les questions médico-légales, nées de la loi de 1919 sur les pensions militaires.

Je me suis permis de donner certains modèles de certificats, car un libellé nettement descriptif demande une habitude de rédaction précise.

Il est indispensable dans un esprit de grande justice de traiter sur le même pied d'égalité tous les pensionnables, quelle que soit la région à laquelle ils appartiennent, quels que soient les médecins qui les examinent.

La loi de 1919 est une loi de « reconnaissance nationale et de réparation », donc l'unité de doctrine s'impose dans nos appréciations et dans les conclusions qui en découlent.

Je limite mon sujet au seul droit des militaires et des anciens mobilisés.

A la Commission consultative médicale, à son Président, le Médecin inspecteur Duco, je dois beaucoup de mon expérience, qu'ils acceptent l'hommage de mon entière gratitude.

GARNAUD.

Juillet 1919.

PREMIÈRE PARTIE

EXPLICATION DE LA LOI

I. — LES AYANTS DROIT

La loi a été promulguée au *Journal Officiel* le 2 avril 1919, elle s'applique :

1° *Aux militaires* des armées de terre et de mer (Articles 1 et 2), suivant leurs grades. Les grades conférés à titre temporaire bénéficient des mêmes avantages que ceux conférés à titre définitif (Art. 56).

2° *Aux sapeurs-pompiers* des Places mis à la disposition de l'autorité militaire, dans les conditions prévues par la loi du 21 mars 1905 et par l'art. 147 du décret du 7 octobre 1907 sur le service des Places (Art. 48).

L'art. 147 du décret sur le service des Places dit : « Les pompiers de la Place passent dès publication de l'ordre de mobilisation sous l'autorité directe du Gouverneur ».

3° *Aux fonctionnaires*, agents et ouvriers civils, des ministères de la Guerre et de la Marine assimilés aux militaires pour les droits à la pension de retraite, ainsi qu'aux surveillants militaires des établissements pénitenciers coloniaux. Mais ces ayants droit ne bénéficient pas de la présomption d'origine accordée aux militaires des armées (Art. 49).

4° *Aux mobilisés* affectés aux établissements, usines, mines et exploitations travaillant pour la défense nationale dans les conditions de l'Art. 6 et de la loi du 17 août 1915, à l'exception des mobilisés détachés dans les exploitations qu'ils dirigent pour leur propre compte (Art. 50).

Ces ouvriers sont ceux en sursis d'appel ou détachés des corps.

Deux cas sont à considérer pour cette quatrième catégorie (Art. 50).

a) Maladie non indemnisables par la loi du 1898.

b) Incapacité permanente résultant d'une blessure.

a) Maladies. Le demandeur sera traité au même titre qu'un militaire.

b) Incapacité permanente résultant d'une blessure. L'employé reçoit par application de la loi 1898 soit de l'employeur, soit de la compagnie d'assurance, une rente. Si cette rente est inférieure à celle attribuée à un militaire porteur de la même incapacité permanente, l'ouvrier mobilisé percevra de l'État la différence entre la rente qu'il touche déjà pour accident du travail et la pension accordée aux militaires, de telle sorte que la totalité de sa pension deviendra égale à celle d'un militaire du même grade.

Enfin, si la rente due par accident du travail venait à cesser d'être servie par application d'un des Articles de la loi de 1898, l'intéressé percevra, après expertise passée au centre de réforme, la totalité de la pension militaire (Art. 50).

5° *Aux militaires détachés* dans les exploitations agricoles autres que celles dont ils sont propriétaires, fermiers ou métayers (Art. 51).

6° *Du jour de la mobilisation jusqu'au jour du décret* fixant la date de cessation des hostilités (Art. 52).

Aux agents des subdivisions complémentaires territoriales des chemins de fer de campagne.

Aux militaires mis à la disposition des réseaux dans les conditions prévues par le Ministère de la Guerre.

Aux agents des sections actives des chemins de fer de campagne détachés momentanément dans une compagnie et touchant de cette dernière un salaire.

Aux agents des sections actives de chemins de fer de l'État autorisés à toucher leur salaire pendant la guerre dans les conditions prévues au paragraphe 1er du décret du 30 août 1914.

7° *Aux marins* qui mis à la disposition du Ministre de la Guerre auront été pourvus d'un nouveau grade dans l'armée de terre.

Ils pourront réclamer l'application du tarif afférent à ce

grade. Ceux qui n'ont pas acquis un nouveau grade dans l'armée de terre conserveront leur droit à l'application des tarifs de l'armée de mer (Art. 53), s'il est plus avantageux.

8° *Au personnel du service de santé* de toutes formations sanitaires (hôpitaux militaires, hôpitaux temporaires, hôpitaux auxiliaires) (Art. 57).

II. — LES PENSIONS

La loi institue deux sortes de pensions (Art. 3 et 4).

1° Une pension définitive, quand l'infirmité est incurable dans tous ses éléments.

2° Une pension temporaire lorsque l'infirmité n'est pas incurable.

Durée de la pension temporaire (Art. 7).

La pension temporaire est concédée pour deux ans et se renouvelle par période biennale. Cependant les réformés temporaires n'ont droit à leur pension que pendant le temps où ils sont en position de réforme.

En résumé donc deux sortes de pensions temporaires :

1° Une réforme temporaire avec pension valable pour un an.

2° Une réforme définitive avec pension temporaire valable pour deux ans.

Renouvellement de la pension temporaire (Art. 7).

A l'expiration de chaque période, biennale ou annuelle, les anciens militaires sont convoqués de nouveau au centre de réforme le plus voisin de leur résidence pour examens d'expertise. La pension pourra être renouvelée à un taux égal, supérieur ou inférieur, au taux primitif, soit convertie en pension définitive suivant le degré de gravité ou l'incurabilité de la lésion.

Augmentation de la pension temporaire avant expiration (Art. 7).

En cas d'aggravation d'une infirmité ou de toute autre complication nouvelle, tout bénéficiaire d'une pension temporaire peut demander une revision d'expertise sans attendre l'expiration de la période de deux ans. On statuera dans les deux mois qui suivront la demande.

Transformation de la pension temporaire, en pension définitive, ou en suppression de pension (Art. 7 et 68).

La situation du pensionné temporaire doit être définitivement fixée dans un délai maximum de quatre ans. Ce délai court à partir du jour de la décision de la Commission de réforme, point de départ légal du droit à la pension. Donc, la quatrième année accomplie, la pension temporaire sera soit transformée en pension définitive, soit supprimée, selon le degré d'invalidité de la lésion. Elle sera supprimée si l'incapacité fonctionnelle devient inférieure à 10 pour 100.

III. — DE L'INVALIDITÉ

Degré d'invalidité ouvrant des droits à la pension (Art. 4).

D'abord définissons le mot invalidité, il indique le degré de diminution de capacité fonctionnelle d'un organe par rapport à la capacité fonctionnelle totale d'un individu, cette capacité fonctionnelle totale représentant l'unité 100 pour 100.

Le législateur a posé comme point de départ de la pension l'invalidité entraînant une incapacité fonctionnelle de 10 pour 100.

Les degrés d'invalidité seront appréciés de 5 en 5 jusqu'à 100, le chiffre 100 représentant l'invalidité absolue qu'on ne peut jamais dépasser.

BARÊME ACTUELLEMENT EN COURS

Ces barêmes sont :

Celui de 1915, *celui de* 1919, *dits « Guides Barêmes des Invalidités », et l'Échelle de Gravité de* 1887 *annexée à l'ordonnance de* 1831.

Quel barême doit-on employer? Par application de l'Article 65, *mais à titre transitoire, retenez ceci, c'est capital, et pour l'appréciation seulement des invalidités provenant de la guerre actuelle, l'intéressé bénéficiera du barême qui le favorisera le plus à condition toutefois que les lois et règlements qui régissent ces barêmes soient appliqués* (*Voir page* 50). *Les infirmités classées dans l'échelle de gravité annexée à la loi des pensions de* 1831 *ne comprennent que des lésions graves et incurables en tous leurs éléments.*

Infirmités ouvrant droit à la pension.

Les articles 3 et 5 établissent une distinction entre la blessure et la maladie, cependant on notera que cette distinction n'est pas absolue, puisque, en fin de l'article 5, les mots maladie et infirmité se confondent. Or, médicalement parlant, une infirmité peut être aussi bien un reliquat de blessures que de maladie.

Pour notre part nous admettons que les infirmités dont parle l'article 5 ne s'appliquent qu'au reliquat de maladies non constatées avant le renvoi du militaire dans ses foyers.

Blessures (Art. 3). — Ouvre droit à la pension, toute blessure provenant d'événements de guerre, ou encore toute infirmité survenue ou aggravée à l'occasion du service, ou par le fait du service et de ses fatigues.

Le législateur n'a pas défini le mot service, mais d'après les textes de la discussion au Parlement au sujet du vote de la loi, on peut conclure : qu'est service tout ce qui n'est pas contraire à la discipline, aux ordres réellement donnés et aux règlements en vigueur.

Le militaire devra faire constater son infirmité avant son renvoi dans ses foyers, c'est-à-dire avant sa désincorporation.

A. — *Constat de la blessure.*

Ce constat devrait être fait régulièrement au corps. Comme nous avons deux catégories de blessés, ceux de la zone des armées, et ceux provenant de l'intérieur, deux catégories de constat en découlent.

1°. — Blessés de la zone des armées.

La fiche et la pochette d'évacuation, le premier billet d'hôpital voire même celui de l'intérieur prouvent l'origine d'une manière suffisante (Cir. min. du 23 octobre 1914, n° 9590 2/7). Il arrive souvent que le blessé possède ces pièces; la circulaire ministérielle, 25 Ci/7 du 15 février 1916 lui accorde le droit de conserver le premier billet d'hospitalisation à l'exclusion de toute autre pièce. Dans ce cas, le Médecin-Chef du centre de réforme relèvera le duplicatum de ce premier billet d'hôpital, l'authentifiera de sa signature et de son timbre, et le versera au dossier. Une remarque : le premier billet d'hôpital doit porter la mention « blessure de guerre » avec signature lisible du médecin traitant ou du Médecin-Chef de la formation sanitaire qui a donné ses soins (Cir. min. 21e Cir. Mens. S. G. P., 1918 et 465 Ci/7 du 20 mars 1917). Cependant cette formule perd de son importance, puisqu'à défaut de toute preuve contraire, la présomption bénéficie à l'intéressé.

A défaut de pièces d'origine, on demandera au dépôt du corps du militaire le bulletin 46 de sortie de l'hôpital de traitement (Note de la C. C. M. et du S. G. P.).

Une citation peut également servir d'indication d'origine (Note de la C. C. M.) mais seulement d'indication.

Enfin le fait d'avoir été versé dans le service auxiliaire ou changé d'arme pour blessure de guerre ou pour maladie aggravée par le service est une preuve d'origine.

S'il y a doute sur l'origine, il appartiendra, afin d'établir la présomption au Médecin-Chef du centre de réforme de demander au commandement toutes enquêtes utiles.

Présomption et preuve contraire.

Pour faire la preuve d'origine contraire au service, parfois des enquêtes de gendarmerie interviendront et permettront de se rendre compte qu'une mutilation dont est porteur un militaire libérable existait antérieurement à l'incorporation, telles par exemple la perte d'un pouce, l'énucléation d'un œil, survenue pendant la vie civile et que le médecin du corps de troupe aurait omis d'inscrire sur ses registres.

Définition de la blessure de guerre.

Sont blessures de guerre non seulement celles provenant d'engins ennemis, mais encore celles dues à des engins français (Cir. Min. du 12 décembre 1916). La maladresse n'est pas désobéissance. Il faut en réalité qu'il n'y ait pas eu mutilation volontaire (Rapport Chéron au Sénat).

Le mot « blessure de guerre » n'implique pas nécessairement la présence d'une plaie; les affections nerveuses, mentales, les affections de l'ouïe, les gelures, les troubles provenant d'ensevelissement sont blessures de guerre, il en est de même de l'intoxication par les gaz asphyxiants. Toutes ces questions avaient été réglées très antérieurement avant la loi (Réponses du ministre au *Journal Officiel*).

2°. — Blessés de la zone de l'intérieur.

Constat et présomption. — La constatation peut se faire au moment de l'accident ou encore après l'accident avant la libération du militaire, enfin à défaut de preuves, joue la présemption d'origine.

Modes de constatations. — Au moment de l'accident ou immédiatement après, la constatation se fera sous la forme d'un certificat d'origine conformément à l'article 38 du règlement sur le Service de Santé à l'intérieur, ce certificat porte dans la nomenclature la dénomination de modèle nº 9; une partie est réservée aux témoins, l'autre au libellé médical. En aucune manière le médecin militaire appelé à donner les premiers soins ne peut refuser ledit certificat, lorsqu'il est demandé par l'autorité militaire à laquelle s'adressera l'intéressé.

Le médecin demeure maître de ses conclusions (Notice 5 sur le Règlement du Service de Santé à l'intérieur).

Plus tard, longtemps après l'accident, le certificat d'origine pourra être remplacé par un procès-verbal d'enquête.

En dernier lieu, à défaut de ces pièces d'authentification, le médecin du corps de troupe ou tout autre médecin désigné par le Directeur du Service de Santé établira avant la libération du militaire un certificat constatant l'infirmité dont ce militaire est porteur.

B. — *Maladies.*

Constat. — Le constat peut se faire avant la libération (Art. 3) ou dans les six mois qui suivent la libération (Art. 5);

le délai de six mois court à partir de la promulgation de la présente loi.

Les billets d'hôpitaux, les certificats d'origine de maladie, les extraits des registres médicaux, les bulletins 46, sont autant de preuves d'origine. En cas de maladie épidémique, si l'affection est survenue pendant le temps passé sous les drapeaux et qu'il y ait eu épidémicité dans la ville de garnison du militaire, l'origine est nette, et la tare résultant de la maladie ouvre droit sans conteste à la pension.

Comment faire valoir ses droits après la libération? — Le demandeur se trouvant dans les conditions indiquées à l'Article 5 adressera une lettre recommandée au Directeur du Service de Santé de sa région de domicile dans les six mois qui suivront son renvoi dans ses foyers,

Le délai de six mois pour les militaires actuellement libérés ne court qu'à partir de la promulgation de la loi et permet de bénéficier de la présomption.

L'aggravation d'une infirmité donne les mêmes droits que l'origine directe.

Les circulaires ministérielles 15931 B., 9/7 du 10 avril 1919 et 826 Ci/7 du 11 avril 1919 définissent : 1° Le rôle du Directeur du Service de Santé. 2° Le rôle du Médecin-Chef du centre de Réforme. 3° Le rôle du demandeur. Consulter également circulaire 828 Ci/7 du 7 juin 1919.

1° *Rôle du Directeur du Service de Santé.*

Il transmettra avec bordereau d'envoi à l'appui, au Médecin-Chef du centre de Réforme, la demande de l'ancien militaire.

2° *Rôle du Médecin-Chef du centre de Réforme.*

a. Il accusera réception au Directeur du Service de Santé de la demande de l'intéressé selon la formule indiquée à la circulaire 826 Ci/7, c'est-à-dire en détachant le pointillé mis en fin du bordereau d'envoi.

b. Il fera connaître à l'intéressé par lettre qu'il a été saisi de sa demande.

c. Il lui transmettra par le même courrier deux exemplaires dits « de déclaration ». Il réunira tout ce qui peut constituer un dossier, et convoquera l'intéressé au centre de réforme dès le dossier constitué à toute fin d'expertise ayant pour objet le constat. Si l'infirmité dont est porteur l'ancien militaire entraîne une invalidité au moins égale à 10 pour 100, le centre de réforme fera toute diligence pour examen de cet ancien militaire et pour passage devant la Commission de Réforme.

3° *Rôle du Demandeur.*

Le demandeur remplira exactement et lisiblement les pièces qui lui ont été envoyées par le Médecin-Chef du centre spécial de Réforme, et principalement, la déclaration en double expédition concernant ses états de service, l'origine invoquée de l'infirmité, les séjours dans les formations hospitalières.

Frais de route et hébergement de l'ancien militaire. — Les frais de route sont à la charge de l'État. La circulaire 11415 6/5 du 27 avril 1918 insérée au bulletin Officiel n° 19 de l'année 1918 ne prête à aucune confusion. Elle s'applique aux anciens militaires convoqués devant une Commission de Réforme ou devant une commission de spécialistes, lorsque la comparution entraîne une obligation légale et que les assujettis y sont astreints par l'autorité militaire.

Les anciens militaires titulaires d'une gratification renouvelable voyagent sur le réseau de l'État au quart de tarif, ils présenteront à leur gare de départ un ordre de convocation que leur enverra l'autorité militaire (Ordre Modèle 126). Le centre de Réforme les remboursera de leurs débours.

Les militaires rayés des contrôles voyagent à plein tarif. 2e classe pour les officiers, 3e classe pour les autres grades. Ils seront également remboursés de leurs frais de transport par le centre de Réforme. Pendant la durée des déplacements aller et retour, l'indemnité journalière et partielle leur est due, conformément aux règlements sur les frais de route.

L'interprétation de cette circulaire permet d'hospitaliser les anciens militaires au centre de Réforme pendant le temps nécessaire à l'expertise ou de leur donner, s'ils le préfèrent, les indemnités dues aux militaires en déplacement, ou encore de demander la mise en subsistance dans un corps de troupe.

IV. — L'EXAMEN AU CENTRE SPÉCIAL DE RÉFORME

Examen. — Le malade, le blessé ou l'infirme avant la réunion de la Commission de Réforme sera examiné par les médecins-experts inscrits au centre de Réforme. Ces experts rédigeront leur certificat, ils pourront selon le cas d'espèce faire appel à la consultation d'un spécialiste. La 828 Ci/7 maintient en attendant l'application du règlement d'administration publique les examinateurs et les vérificateurs prévus par la loi de 1831.

Commission. — A la Commission les experts liront leurs certificats et soutiendront leurs conclusions. Vraisemblablement leur présence ne sera pas indispensable en tous les cas. En cas de désaccord entre experts sur le taux d'invalidité, la Commission tranchera : sa décision sera souveraine au point de vue de l'application de l'aptitude au service militaire (Règlements actuellement en vigueur B. O. Vol. 68[4]).

Assistance d'un médecin civil. — Le demandeur aura droit lors des examens médicaux qu'il subira en vue de l'obtention de la pension définitive ou temporaire de se faire assister d'un Médecin Civil de son choix (Art. 9). Les honoraires du médecin civil demeurent à la charge de l'expertisé.

Obligation du médecin-assistant l'ayant droit. — Ce médecin sera tenu à certaines formalités. Avant la séance de la Commission de Réforme il déposera sa signature sur un registre conservé aux archives du centre de Réforme et mentionnera ses titres.

Préalablement le blessé ou le malade fera connaître au Médecin-Chef du centre de Réforme le nom et l'adresse de son médecin-assistant, afin que ce médecin-Chef puisse pourvoir utilement à la convocation nécessaire.

Avis du médecin-assistant lors de la Commission de réforme. — Le médecin-assistant pourra verser au dossier tous certificats qu'il croira nécessaires.

Il indiquera qu'il se range à l'avis des experts ou qu'il est d'un avis contraire, il formulera cet avis par écrit.

« L'avis du médecin civil sera mentionné obligatoirement au procès-verbal de la Commission » (Art. 9).

Observation dans un hôpital. — Les experts auront à prononcer selon les nécessités la mise en observation dans un hôpital.

Hospitalisation des grands infirmes (Art. 10). — Les grands infirmes incapables de se mouvoir, de se conduire, ou d'accomplir les actes essentiels à la vie ont droit à l'hospitalisation s'ils la réclament, ce droit est constaté par la Commission de Réforme au moment où elle statue sur le degré d'invalidité dont est atteint le mutilé.

Les frais d'hospitalisation sont prélevés sur la pension. Si les grands infirmes ne reçoivent pas ou cessent de recevoir cette hospitalisation et si, vivant chez eux, ils sont obligés de recourir d'une manière constante aux soins d'une tierce personne, ils ont droit à une allocation égale au quart de leur pension.

Infirmités multiples (Art. 11). — Désireux d'éviter toute redite nous prions le lecteur de se reporter à la page 75 de ce livre.

Invalidité absolue (Art. 12 et 13). — Il faut entendre par invalidité absolue un degré d'impotence fonctionnelle égale à 100 pour 100.

Lorsqu'à l'invalidité absolue se superpose des invalidités multiples, un complément de pension variant de 100 à 1 000 fr., est surajouté à la pension principale afférente à l'invalidité absolue.

Les invalidités multiples se calculent dans la forme indiquée à la page 75 de ce livre.

Les majorations varient de la manière suivante :

10 %	donnent droit	à.	100 francs.
20 %	—	à.	200 —
30 %	—	à.	300 francs, etc., etc.

Majoration pour enfants (Art. 13). — Dans tous les cas, y compris ceux où il y a lieu à complément de pension, des majorations annuelles sont accordées, en sus de la pension définitive ou temporaire, par enfant légitime né ou à naître, suivant le tarif ci-après :

100 %	donnent droit	à	300	francs.
95 %	—	à	285	—
90 %	—	à	270	—
85 %	—	à	255	—
80 %	—	à	240	—
75 %	—	à	225	—
70 %	—	à	210	—
65 %	—	à	195	—
60 %	—	à	180	—
55 %	—	à	165	—
50 %	—	à	150	—
45 %	—	à	135	—
40 %	—	à	120	—
35 %	—	à	105	—
30 %	—	à	90	—
25 %	—	à	75	—
20 %	—	à	60	—
15 %	—	à	45	—
10 %	—	à	30	—

Ces majorations sont également allouées par enfant naturel (Art. 13 et 26), à condition qu'ils aient été conçus avant le fait qui donne droit à la pension, et qu'ils aient été reconnus dans les deux mois de leur naissance, à moins que le père, par cas de force majeure dûment justifiée, n'ait pu faire cette reconnaissance. Pour conserver ses droits, ce père fera cette reconnaissance dans les six mois qui suivront la promulgation de la loi.

En cas de reconnaissance judiciaire il faut que la conception soit antérieure au fait qui donne ouverture à la pension.

Une exception existe pour les enfants naturels nés avant le 4 septembre 1915. Pour ces derniers la reconnaissance doit avoir eu lieu antérieurement au 4 novembre 1915 à moins de cas de force majeure, qui fait bénéficier d'un délai de six mois après la promulgation de la loi (Art. 26).

V. — REVISION

Conditions de revision. — Il existe trois sortes de revisions.

1° Une revision administrative; 2° une revision médicale; 3° une revision pour invalidité absolue.

1° ***Revision administrative*** (Art. 67). — La revision administrative en dehors du recours devant les tribunaux peut avoir lieu sur l'initiative du Ministre ou à la demande des parties, lorsqu'une erreur matérielle de liquidation a été commise au préjudice de l'intéressé, ou encore lorsque les énonciations des actes et des pièces sur le vu desquels le décret de concession de pensions a été rendu sont reconnus inexacts (erreur de grade... erreur d'état-civil, etc...) [1].

2° ***Revision médicale*** (Art. 68). — Cette revision ne peut avoir lieu que si le supplément d'invalidité s'est accru de 10 pour 100 au moins, depuis l'époque de la concession de la pension, mais à la condition que ce supplément d'invalidité soit exclusivement imputable à la blessure ou à la maladie constitutive de l'infirmité pour laquelle la pension a été accordée.

L'intéressé peut demander cette revision dans les cinq ans

1. Cette revision a lieu sans condition de délai et s'applique aux ayants droit depuis le 2 août 1914.

qui suivent la concession de la pension définitive (Art. 68, 2e alinéa). Les militaires appartenant à l'armée de terre adresseront leur demande au Directeur du Service de Santé de leur région de domicile, les marins au Directeur du Service de Santé du port, chef-lieu d'arrondissement, dans lesquels ils sont immatriculés.

3° ***Revision pour perte d'un œil ou d'un membre*** (Art. 69). — Si un militaire bénéficie d'une pension pour perte d'un œil ou d'un membre, et que ce militaire, par suite d'un accident survenu dans la vie civile, perde le second œil ou le second membre, sa pension sera portée au chiffre de 100 pour 100, c'est-à-dire à l'invalidité absolue. Cependant une condition indispensable intervient : pour avoir droit par voie de recours à la transformation de la première pension en pension d'invalidité absolue, l'ancien militaire ne doit pas être indemnisé pour sa seconde blessure surajoutée par une tierce personne ou une compagnie d'assurance; le recours de l'État s'exercera contre les tiers responsables de l'accident.

VI. — RECOURS. TRIBUNAUX ET CONSEIL D'ÉTAT

Toutes les contestations seront jugées en premier ressort :

1° En conciliation (Art. 38).

2° Par le tribunal départemental des pensions (Art. 35, 36 et 38).

3° Par la cour régionale des pensions (Art. 35 et 37).

Ces juridictions ne peuvent statuer que sur la nature de l'infirmité en cause, sur le taux de la pension, sur la décision de rejet de cette pension, mais non sur l'application de l'aptitude physique au service militaire qui appartient à la Commission de Réforme (Loi de 1905).

Introduction de la demande de l'intéressé (Art. 38).

— L'intéressé doit, à peine de déchéance, saisir le tribunal départemental dans le délai de six mois à dater du jour de la Commission de Réforme. Il enverra une lettre recommandée au greffier de ce tribunal.

1° ***CONCILIATION***. — La tentative de conciliation se fait dans le cabinet du président du tribunal en présence du représentant du Ministre.

Le demandeur peut être assisté dans sa comparution de son médecin et de l'avocat ou de l'avoué qui lui aurait été commis. En cas d'accord le chiffre de la pension est fixé par l'ordonnance du président qui en donne acte en indiquant à peine de nullité la nature de l'infirmité, et le degré d'invalidité, qui ont servi de base à la fixation de la pension.

2° ***Tribunal départemental de pensions*** (Art. 35, 36, 39). — En cas de non-conciliation ou de non-comparution du demandeur, ce demandeur est cité par lettre recommandée devant le tribunal des pensions. Le demandeur doit accuser au greffier du tribunal réception de l'avis de date de comparution.

L'audience sera publique, cependant sur demande de l'intéressé les débats auront lieu en chambre de conseil.

Il est à remarquer que la loi ne prévoit pas l'assistance du médecin civil conseiller de l'intéressé aux séances du tribunal.

L'ancien militaire pourra comparaître en personne. Il pourra présenter les observations orales ou en faire présenter par un membre de sa famille, parent ou allié au degré successible, c'est-à-dire au degré de parenté qui en cas de décès ouvre droit à l'héritage. Il peut également faire présenter ses observations par un avocat régulièrement inscrit au barreau, ou par un avoué exerçant dans le département. Si le représentant est un membre de la famille, il devra être muni d'un pouvoir sur papier non timbré dispensé de la formalité d'enregistrement, mais avec signature légalisée.

Sur la demande de l'intéressé et si des motifs graves s'opposent à sa comparution, le président peut déléguer conformément à l'article 39, un des membres du tribunal pour entendre le demandeur dans une autre localité ou à son domicile.

Vérification complémentaire (Art. 40).

Le tribunal pourra ordonner une vérification médicale complémentaire. Pour cette vérification il commettra un ou trois experts, choisis sur une liste établie par lui au commencement de chaque année judiciaire. Elle peut avoir lieu là où le tribunal le jugera convenable, ou encore au domicile de l'intéressé. L'intéressé pourra être assisté par un médecin de son choix, il pourra produire des certificats médicaux.

S'il y a désaccord formel entre les médecins experts et le médecin de l'intéressé, le tribunal aura droit d'ordonner une nouvelle expertise pour laquelle trois médecins seront désignés, l'un par le Ministre, l'autre par le plaignant, le troisième par le tribunal.

Mise en observation dans un hôpital (Art. 40).

Le tribunal pourra ordonner la mise en observation dans un hôpital et il sera alloué au militaire pendant la durée de la mise en observation une indemnité quotidienne.

5° ***Cour régionale des pensions*** (Art. 37). — La demande en appel se fait par lettre recommandée adressée au greffier de la cour régionale des pensions dans les deux mois qui suivent la décision du tribunal départemental des pensions.

Les règles de procédure sont les mêmes que celles régissant le tribunal des pensions.

CONSTITUTION DES TRIBUNAUX

A. Tribunal Départemental des Pensions,	**Un Président** ou Vice-Président appartenant au Tribunal civil du Chef-lieu du Département. **Un juge** au Tribunal civil. **Un Conseiller** de Préfecture. ***Un Médecin*** désigné par le Ministre de la justice. **Un pensionné** tiré au sort sur une liste de vingt membres de l'association des mutilés ou réformés. **Un Sous-Intendant**, Commissaire du Gouvernement. *Un greffier.*

B. Cour d'Appel Régionale des Pensions.

- **Un Président** de Chambre à la Cour d'Appel.
- **Deux Conseillers** à la Cour d'Appel.
- **Trois Magistrats** Suppléants.
- **Un Sous-Intendant** (Commissaire du Gouvernement).
- *Un greffier.*

4° *Conseil d'État.*

Le Conseil d'État ne peut juger que pour détournement de pouvoir, vice de forme ou violation de la loi.

Le recours est introduit sur papier timbré et sans frais.

Ce pourvoi doit être formé au plus tard dans les deux mois qui suivront le jugement des tribunaux.

VII. — EXAMEN PÉRIODIQUE EN VUE DE RÉSERVER LE DROIT DES AYANTS CAUSE

Cet examen intéresse les militaires ou marins qui, n'ayant pas obtenu de pension et ne se considérant pas comme guéris, désirent conserver leurs droits éventuels (Art. 15).

Constat. — L'ancien militaire fera constater chaque année son état d'infirmité.

Ce constat se fait au centre de Réforme le plus voisin de sa résidence.

Tout examen fait en vue d'une pension et qui cependant n'aurait pas ouvert le droit à cette pension, peut servir de premier constat.

Chaque année l'intéressé adressera une demande.

A partir de la première convocation, les convocations d'office lui seront adressées de douze en douze mois d'intervalle.

Le Médecin-Chef du centre de Réforme pourra lors des examens médicaux émettre un avis d'instruction de dossiers en vue de liquidation des droits à la pension.

VIII. — SITUATION DES OFFICIERS ET DES MILITAIRES RENGAGÉS

Deux catégories d'officiers sont à envisager :
1° Les officiers du cadre de complément;
2° Officiers de carrière.

Officiers du cadre de complément. — Pendant la durée des hostilités les officiers du cadre de complément porteurs d'affections occasionnées par le service, et non susceptibles par leur gravité et leur incurabilité de donner droit à la pension de retraite, avaient été mis en convalescence avec solde de présence ou pourvus d'un emploi à l'intérieur, suivant leur aptitude physique : aucune autre solution, par application des lois existantes et des règlements en vigueur, n'était possible.

Actuellement, en exécution de la Loi de 1919, ces officiers bénéficieront d'une pension, soit temporaire, soit définitive, en raison directe du degré d'invalidité et de curabilité de leur infirmité et du grade qui leur a été conféré même à titre temporaire (Art. 56).

Il arrive parfois que, pour certains de ces officiers, le dossier très incomplet ne peut permettre une expertise immédiate, afin de ne pas léser les demandeurs, la commission de convalescence leur accorde à titre d'attente une convalescence proportionnelle au degré d'invalidité engendré par leur infirmité (Circulaire Ministérielle n° 7262 A. D. du 3 avril 1919, B. O. n° 15, 1919). Ainsi donc un officier du cadre de complément atteint d'une impotence fonctionnelle de 10 % bénéficiera d'une convalescence d'un mois avec solde de présence; la convalescence sera de deux mois si l'invalidité est de 20 %, etc.[1].

Il est à remarquer que cette solde de présence correspond à peu près au taux que toucherait en argent l'officier jouissant de sa pension.

1. Le décret du 18 juin 1919 permet de donner une allocation forfaitaire.

Officiers de carrière. — Pour mémoire, il faut se rappeler que l'officier de carrière ne peut être proposé pour une pension de retraite[1] que si ses infirmités le mettent hors d'état de servir et de rentrer ultérieurement au service.

Les expertises sont analogues à celles imposées aux autres militaires.

Taux des pensions (Articles 56, 59, 60).

1) Officiers de carrière et militaires non titulaires d'une pension d'ancienneté (Art. 59).

Les officiers de carrière et les militaires ou marins rengagés qui n'ont pas accompli un nombre suffisant d'années de service pour avoir déjà droit soit à la pension proportionnelle, soit à la pension d'ancienneté, et qui ont été réformés pour infirmités attribuables au service qu'ils ont rempli pendant la guerre actuelle pourront opter pour une pension composée, pour chacune de leurs années de service, d'autant de fractions (1/30e ou 1/25e, suivant leurs armes et leurs grades) du minimum de la pension d'ancienneté de leur grade, et augmentée, pour les campagnes dont ils bénéficient, du total de leurs annuités d'accroissement.

Cette pension sera, uniformément pour tous les grades, majorée d'une somme égale à la pension d'invalidité allouée à un soldat atteint de la même infirmité.

La disposition qui précède profitera aux militaires réformés pour invalidité avant la guerre et qui auront repris du service depuis le 2 août 1914 (Art. 59).

2) Officiers et militaires titulaires d'une pension d'ancienneté (Art. 60).

Les militaires ou marins titulaires d'une pension d'ancienneté, d'une pension proportionnelle ou d'une pension de réforme, ou en possession de droits à l'une de ces pensions, qui auraient été atteints, au cours de la guerre actuelle, d'infir-

1. Il faut comprendre par ce mot de « retraite » la pension permanente.

mités susceptibles d'ouvrir droit à pension ou à gratification, peuvent opter :

1° Soit pour la pension d'infirmités afférente à leur grade, le service de cette pension comportant la suspension de la pension d'ancienneté, de la pension proportionnelle ou de la pension de réforme dont ils auraient la jouissance ou qui viendrait à leur être concédée ;

2° Soit pour la pension d'ancienneté, la pension proportionnelle ou la pension de réforme, auquel cas il leur sera attribué, à titre définitif ou temporaire, suivant que l'infirmité est ou non incurable, une majoration uniforme pour tous les grades, dont le taux sera égal à celui des pensions allouées aux soldats atteints de la même invalidité.

L'option ainsi exercée, tant en vertu du présent article que de l'article précédent, sera définitive ; mais dans le cas où le militaire ou le marin aurait opté pour la deuxième alternative, sa veuve ou ses orphelins pourront néanmoins, s'ils n'ont droit à réversion que du chef de la pension pour infirmités allouée à titre complémentaire, obtenir une pension calculée comme si le mari ou le père avait opté pour la première alternative.

3) **Non activité. Soldes de réforme (option)** (Art. 72).

Les militaires et marins en possession de droits à pension définitive ou temporaire, qui pourraient en même temps prétendre, soit à la solde de non activité pour infirmités temporaires créée par la loi du 19 mai 1834, soit aux soldes de réforme instituées par les lois du 21 mars 1905, soit à la gratification temporaire créée par le décret du 30 octobre 1852 et celui du 15 novembre 1914 auront droit d'opter pour le régime le plus favorable.

DEUXIÈME PARTIE

L'EXPERTISE

I. — LE DOSSIER

Que l'origine d'une infirmité soit nettement prouvée ou que la présomption à défaut d'origine bénéficie à l'intéressé, le premier soin du médecin-expert sera d'étudier attentivement le dossier, travail allant de pair avec l'interrogatoire. Si ce dossier a été préparé méthodiquement par le Service des Archives du centre de Réforme, les pièces capitales seront numérotées d'après leur importance et mises en évidence à l'aide d'une note chiffrée indiquant celles à consulter.

Pièces constitutives du dossier.

Ces pièces se divisent en deux catégories :

A) Pièces indispensables;
B) Pièces utiles.

A) ***Pièces indispensables.*** — Ce sont :

Celles d'authentification ou, à leur défaut, celles établissant la présomption. Par elles s'affirment les relations qui existent entre une infirmité et la cause invoquée. Mais, interviennent deux catégories de causes ;

1° Les causes directes ou efficientes (blessures, accidents, maladies, épidémicités;

2° Les causes indirectes ou adjuvantes (modalité du service accompli, fait d'avoir été incorporé, circonstances d'aggravation de maladie ou d'infirmité, etc.

Ces pièces d'authentification se désignent couramment sous le nom de pièces d'origine. Qu'on veuille bien se rappeler toujours, que toute blessure ou infirmité constatée selon les indications données aux articles 3 et 5 de la Loi (voir page 6) donne droit à la pension même lorsque la causalité après enquête n'a pu être démontrée en tous points, le constat remplit en effet le rôle de preuve d'origine.

L'aggravation ouvre droit à la pension au même titre que l'origine directe, sans tenir compte du service accompli, des prédispositions constitutionnelles, des tares antérieures à l'incorporation.

Rapatriés d'Allemagne ou anciens prisonniers de guerre. — Ces militaires possèdent parfois des certificats médicaux délivrés par l'autorité militaire allemande, ils devront les verser au dossier. Au besoin le Médecin-Chef du centre de Réforme les fera traduire, il en délivrera les duplicata au demandeur, après les avoir authentifiés de sa signature et de son timbre. Cependant en dehors de ceci, la captivité est suffisante pour constituer un fait de service, tel qu'il est prévu par l'article 3 de la Loi. Le Médecin-Chef du centre de Réforme, en certaines circonstances demandera à l'ancien prisonnier de guerre, une déclaration sur l'honneur, deux témoins en certifieront l'exactitude (Cir. Min. 630 Ci/7, 15 décembre 1917).

Si ces témoins ne pouvaient déposer devant le Médecin-Chef, ils rédigeraient par écrit leur déclaration en ayant soin de la faire dans les formes ordinaires, par le maire, le commissaire de police ou le juge de paix (33e Cir. Mens. S. G. P.).

Civils mobilisables et emmenés en captivité. — Un mobilisable, c'est-à-dire un homme appartenant aux classes susceptibles d'être appelées sous les drapeaux au jour de la déclaration de la Guerre, et qui par le fait de l'invasion aurait été emmené en captivité, possède les mêmes droits qu'un civil prisonnier de guerre (Victimes civiles de la Guerre).

Pour prouver l'origine ou la présomption de l'origine d'un fait, il importe, non seulement d'affirmer ce fait, mais encore de déterminer les circonstances de temps et de lieu dans lesquels il s'est produit, et enfin d'identifier la personne à laquelle il se rapporte, d'où trois sortes de pièces indispensables :

1° Pièces d'origine médicale ;
2° Pièces d'authentification militaire ;
3° Pièces d'authentification civile.

1° **Pièce d'origine médicale ou de présomption.** — Ces pièces comprennent le premier billet d'hospitalisation, les fiches et pochettes d'évacuation du front, les certificats d'origine, et à leur défaut les constats soit avant, soit après libération.

2° **Pièce d'authentification militaire.** — L'état modèle n° 7, appelé « État signalétique des Services et Campagnes », reproduisant exactement les inscriptions portées au feuillet matricule, est la pièce d'authenticité militaire par excellence. Cet état est fourni par les Conseils d'Administration des corps de troupe (B. O. E. M. n° 10, Archives de la Guerre, Circulaire Ministérielle du 10 septembre 1915 et 15e Circulaire Mensuelle du service général des pensions en date du 1er août 1917). Il spécifiera si le militaire est déjà titulaire d'une pension (C. M. 658 S. G. P. du 1er février 1917).

Le cas échéant, l'état 7 peut être remplacé par une copie du feuillet matricule (C. M. 745 C. D. S. G. P. du 1er avril 1917 et 926 C. D. S. G. P. du 1er août 1917). Sur cette pièce, sont mentionnés non seulement le temps de service accompli, mais également celui passé en captivité.

Il arrive que malgré toute diligence le centre de Réforme instructeur n'aura pu se procurer l'état 7 ou la copie du feuillet matricule, en leur absence lorsque 45 jours se seront écoulés, les experts passeront outre pour procéder aux examens (29e Circulaire Mensuelle, du Sous-Secrétariat S. S. B. 9/7, année 1919).

Ils consulteront alors la feuille de renseignements instituée par la 21e Circulaire Mensuelle du service général des pensions (B. O. n° 17, année 1918) ou celle instituée par la Circulaire Min. 828 Ci/7 du 7 juin 1919.

3° **Pièce d'authentification civile.** — L'acte de naissance délivré sur papier libre par la mairie où a été enregistré l'intéressé authentifie le demandeur. Lorsque la mairie n'a pu donner satisfaction, le Médecin-Chef du centre spécial de Réforme en réfère au Ministre, service général des pensions, qui demande au Procureur de la République de la faire délivrer par le greffier du tribunal civil (B. O. P. S. P. n° 39, année 1916, 2e Circulaire Mensuelle, service général des pensions (1er septembre 1916).

Pour les militaires appartenant aux régions libérées et dont les archives d'état civil ne peuvent être reconstituées, un acte de notoriété remplacera l'acte de naissance. Cet acte de notoriété délivré par le Médecin-Chef du centre de Réforme reproduit la première page du livret matricule (C. M. 15401 2/1 du 24 juillet 1915), 7 témoins signent.

Lorsqu'un militaire est né en pays étranger et si ce militaire a contracté un mariage en France, on peut demander à la mairie du lieu, où il a contracté le mariage, la copie collectionnée de l'acte de naissance de l'époux annexé à l'acte de mariage, contracté le .... à la mairie de....

Cependant l'absence de ces documents ne doit pas absolument retarder l'expertise, le Médecin-Chef du centre de Réforme les fera plus tard parvenir au Ministre, service régional des pensions, lorsqu'il les aura reçus (C. M. 155 C. D. S. G. P., 1er août 1916).

B. ***Pièces utiles***. — Ces pièces sont : la feuille d'observations, les radiographies interprétées, les électro-diagnostics, les analyses, les consultations, souvent ces dernières sont annexées au dossier à la demande des experts.

II. — CONSULTATIONS

Les consultations permettent d'éclairer un diagnostic difficile à affirmer. Si un médecin doit être un esprit très averti il ne peut approfondir toutes matières de son art. En certaines circonstances, qu'un consultant de notoriété l'aide, ceci ne le diminue en rien, l'appel au spécialiste devient un acte de bonne foi.

L'intéressé allant en consultation ne doit jamais être porteur de son dossier (C. M. 25 Ci/7, 15 février 1916).

Formule des demandes. — La formule des demandes existe dans chaque centre de Réforme.

Je rapporte ici une phrase du guide de Duco et Blum (Guide pratique d'expertise médico-légale) : « il n'y a qu'un moyen d'obtenir des réponses nettes, c'est de poser des questions nettes ». Évitons les formules vagues : consultations, cœur, genou, etc., etc....

Les demandes varieront selon les cas d'espèce. D'une manière générale, l'expert fera préciser par le consultant : la nature anatomique d'une lésion, sa localisation, le reliquat fonctionnel en résultant, son degré d'incurabilité ou de noncurabilité. Il arrivera que le médecin consultant jugera qu'une opération ou un traitement pourrait améliorer ou guérir une affection; que faire, si l'intéressé refuse toute intervention? La C, M. 11039 B. 5/7 du 8 mars 1919 résoud la question.

Refus d'intervention. — Le cas doit être présenté à l'examen d'un nouveau consultant qui statuera en dernier ressort au point de vue technique sur l'opportunité de l'intervention. Ce sera le Directeur du Service de Santé de la région qui désignera ce dernier consultant.

Si, cependant, le refus persiste, on dressera procès-verbal

dans les formes indiquées par les circulaires du 5 avril 1915, et du 26 août 1916, après quoi l'expertise aura lieu. Nous avons adopté la formule suivante :

PROCÈS-VERBAL DE REFUS D'INTERVENTION OU DE TRAITEMENT

Je soussigné, Médecin-Consultant . . . . *Médecin de* . . . . *désigné par le Directeur du Service de Santé, certifie avoir visité le nommé* . . . . *grade* . . . . *corps* . . . . *et avoir constaté qu'il est atteint de* . . . . *nécessitant* . . . .

Je lui ai exposé la nécessité et les avantages de cette opération (ou de ce traitement) et lui ai conseillé d'y consentir.

L'intéressé s'est refusé à toute intervention (ou à tout traitement) pour le motif suivant :

Fait en double exemplaire.
Le

LE MÉDECIN-CHEF. LE MÉDECIN-CONSULTANT. L'INTÉRESSÉ.

Refus d'intervention au cours d'une visite annuelle ou biennale. — Lorsque le refus d'opération ou de traitement coïncide avec le renouvellement d'une gratification c'est-à-dire au cours d'une visite annuelle ou biennale, l'expert n'est pas autorisé à diminuer le taux d'invalidité, c'est le Ministre qui apprécie (19e circulaire Mensuelle C. C. M., septembre 1918).

Consultations à demander.

Certes il convient d'aller vite et de bien faire; limitez vos demandes de consultations à celles uniquement pratiques, sans les multiplier.

Nous énumérons les principales à titre d'indication.

1° **Tuberculose pulmonaire.** — Recherches bactériologiques; la présence de bacilles de Koch une fois constatée dans les crachats suffit pour affirmer un diagnostic sans répéter les examens de laboratoire inutilement.

Par la radioscopie s'étudiera la localisation de la lésion et s'appréciera l'intégrité ou non du médiastin.

2° **Cœur.** — Nature et localisation des lésions. — Étude de la pression artérielle.

3° **Tube digestif.** — Les recherches de laboratoire sont indispensables dans la dysenterie présentant les caractères d'une amibienne, à moins que l'examen microscopique n'ait été pratiqué avant la sortie de l'hôpital et soit de date récente, dans ce cas il serait inscrit au carnet de traitement institué par la C. M. 492 Ci/7 du 20 avril 1917.

4° **Paludisme.** — Mêmes observations que ci-dessus.

5° **Reins.** — Nous attirons l'attention sur la nécessité de différencier les néphrites urémigènes des néphrites hydropigènes et de déterminer la teneur du sang en azote.

D'après la Circulaire 515 Ci/7 du 15 mai 1917, une fiche spéciale d'urologie devrait être annexée au dossier.

6° **Lésions articulaires.** — La radiographie ou à défaut la radioscopie permettra d'éviter la confusion entre une ankylose osseuse et une raideur fibreuse, elle déterminera l'étendue d'une perte de substance osseuse. Un calque remplacera le plus souvent l'épreuve sur papier, et le médecin-consultant inscrira sur ce calque l'interprétation de ses constatations (3e Circulaire Mensuelle C. C. M., mai 1917). Le blessé ne doit jamais être en possession de l'épreuve ou du schéma (C. M. 89 Ci/7, 15 mai 1916).

7° **Inclusion de projectile.** — L'écran radioscopique permettra seul de situer des corps étrangers profondément inclus à l'intérieur des organes.

8° **Attitude vicieuse.** — Certaines attitudes vicieuses compliquées de troubles trophiques graves sont parfois, mais très rarement quand même, impossibles à décrire, une photographie complétera le certificat de visite.

9° **Affections du système nerveux central et psychoses.** — Ces malades seront mis en observation dans un hôpital possédant un service spécial. S'il y a lieu le Wasserman sera pratiqué.

Les psychoses sont si diverses que seuls les spécialistes peuvent renseigner l'expert.

10° **Lésions nerveuses d'origine périphérique.** — Le neurologiste par **l'électro-diagnostic** déterminera quel est le nerf touché, son degré de dégénérescence, le pronostic probable. Cette investigation s'adresse au neurone périphérique, cellules des cornes antérieures, racines des nerfs et leurs ramifications. Elle permet d'éliminer d'emblée une lésion pyramidale, une myopathie vulgaire, une manifestation hystérique.

En principe un électro-diagnostic ne doit jamais, pour conserver sa valeur réelle, remonter à plus de deux mois, l'évolution des affections de neurone périphérique sont rapides.

Pour comprendre la lecture d'une fiche d'observation neurologique, rappelons-nous un minimum de données indispensables.

Deux courants sont employés :

1° **Le faradique** ou courant interrompu ;

2° **Le galvanique** ou courant continu.

7° Courant faradique. — Par lui, s'étudie quantitativement l'excitabilité d'un nerf, sa conduction, la conductibilité d'un muscle.

Les différences quantitatives sont notées par les termes : zéro hypo, normal.

Si la fermeture du courant et avec le maximum de courant la contraction musculaire ne se produit pas, on dit qu'il y a zéro faradique, puisque le nerf ou le muscle est inexcitable avec cette forme de courant. Si au contraire, le nerf ou le muscle est excitable avec une très grande quantité de courant, on traduira ce phénomène par l'inscription à la fiche ; « hypofaradique ».

Rappelons également ce qu'est la réaction de Desplats : lorsqu'on place l'électrode négative au-dessus de la blessure et qu'il se produit une contracture très nette du muscle au-dessous de cette blessure, on dit qu'il y a réaction de Desplats ou Desplats; il est permis de présumer, mais non d'affirmer que le nerf n'est pas sectionné.

2° Courant galvanique. — Le courant galvanique donne les modifications quantitatives et qualitatives de la secousse musculaire.

La différence quantitative se calcule en milli-ampère. Normalement, il faut de 3 à 4 milli pour obtenir une secousse normale, c'est ce qu'on appelle le seuil de la secousse. Nous définirons donc le seuil de la secousse, le nombre minimum de milli nécessaires pour obtenir une contraction musculaire. Plus un nerf est touché, moins il est excitable, et plus considérable sera le nombre de milli pour obtenir la secousse musculaire, c'est l'hypo-galvanique.

Dans les lésions nerveuses la secousse peut être tardive, lente, très lente, vermiculaire.

Il y a égalité polaire lorsqu'à la fermeture du pôle positif on obtient une secousse égale à celle observée à la fermeture du pôle négatif.

On dit qu'il y a inversion si à la fermeture du pôle positif la secousse est plus considérable que celle se produisant à la fermeture du pôle négatif.

La réaction longitudinale consiste dans ce fait que l'on obtient une secousse du muscle en plaçant l'électrode négative sur le tendon de ce muscle.

Ces modifications de la secousse font penser à une réaction de dégénérescence.

En résumé, nous traduirons ce qui précède par le tableau ci-dessous :

Hypo-F. et Hypo-G. = Nerf ou muscle légèrement touché.
O-F. et Hypo-G. = Nerf plus touché, ou comprimé, ou porteur d'un névrome, si la secousse est ralentie et qu'il n'y a pas d'inversion polaire.

O-F. et Hypo-G. avec inversion, secousse excessivement lente = Lésion grave avec réaction de dégénérescence.

O-F et Hypo Galva avec au moins 10 milli et réaction longitudinale = réaction de dégénérescence très grave.

O-F et O-G = dégénérescence absolue.

Pour plus de simplification : la dégénérescence s'exprime par les lettres D.R. complète ou D.R. incomplète, ou encore S.D., syndrome de dégénérescence.

11° **Yeux.** — Faire calculer l'acuité visuelle centrale, le degré de vision périphérique ou champ visuel, la localisation anatomique de la lésion et sa nature, sa curabilité par l'usage, le traitement ou une opération (C. M. 556 Ci/7 du 10 décembre 1916).

12° **Otalgie.** — On demandera une consultation si la fiche spéciale prévue par la C. M. 159 Ci/7 du 15 juillet 1916 manque au dossier. L'avis du spécialiste portera sur l'oreille externe, l'oreille moyenne, l'oreille interne, ses annexes, la cavités connexes et tous organes ayant des relations avec l'oreille. Il déterminera également l'acuité auditive à la voix basse, haute, de commandement, en appréciant à quelle distance ces tonalités sont entendues.

13° **Rhino-laryngologie.** — Les affections rhino-pharingo-laryngiennes relèvent entièrement du spécialiste qui localisera une tumeur, diagnostiquera sa nature, constatera les paralysies unilatérales ou bilatérales, la nécessité d'un traitement opératoire ou thérapeutique.

III. — RÉDACTION DE CERTIFICATS

La rédaction du certificat doit être nette comme une photographie; une bonne description fait image. A la lecture d'un libellé bien fait on doit pouvoir se représenter une lésion comme si réellement on la voyait devant ses yeux. Ne perdez pas de vue que nous ne sommes pas les seuls à juger : des experts, ceux de la Commission consultative médicale donneront leur avis sur pièces, ils demanderont par manque de précision des suppléments d'enquête, des tribunaux parfois décideront, enfin un médecin assistera le mutilé, ses observations seront enregistrées obligatoirement au procès-verbal de la Commission de réforme, car la loi et les règlements le veulent ainsi (Art. 9).

Dans la rédaction d'un certificat succinct et complet existe une part de métier, comme en toute chose, c'est un tour de main à acquérir, par l'habitude. Quelques principes sont utiles à retenir.

Toute lésion sera :

***Anatomiquement précisée*;**

***Topographiquement localisée*;**

***Physiologiquement décrite en ses reliquats*.**

En d'autres termes mentionnez l'état anatomique et fonctionnel des organes lésés, la nature, la gravité et les conséquences de l'infirmité en cause.

Tantôt ce sera la lésion anatomique, tantôt ce sera le reliquat fonctionnel qu'on mettra en évidence selon leur importance. Il ne peut être de règle fixe, si ce n'est la suivante : l'expert situera en premier plan, en pleine clarté, ce qui déterminera ses conclusions et lui permettra de les soutenir devant la Commission de Réforme. Nous le répétons, le certificat ne doit prêter à aucune contestation, le tribunal des pensions pourrait condamner nos conclusions. Enfin l'expertisé doit être convaincu du sérieux, de la droiture bienveillante de l'expert. Une série d'exemples rendra service.

LÉSIONS CHIRURGICALES

Crâne. — Perte de substance osseuse cranienne dans toute son épaisseur (anatomie), de la région pariétale droite (topographie), sur une étendue de 4 sur 5, avec cicatrice impulsive et pulsatile, sans reliquat fonctionnel (physiologie). Suite de trépanation nécessitée par blessure par balle.

N'oublions jamais dans les pertes de substance osseuse cranienne de constater si cette perte porte réellement sur les deux tables, de mensurer l'aire de trépanation, d'enregistrer l'état cicatriciel ou la nature de la restauration, de rechercher les battements dure-mériens, et l'impulsion cérébrale à l'effort même, lorsqu'on a tenté une restauration, de noter les reliquats fonctionnels lorsqu'ils existent.

Yeux. — Dans l'organe de la vision, à l'acuité visuelle revient toute importance, commençons par elle dans une description. S'il existe une taie de la cornée on mentionnera l'amélioration possible par une iridectomie. En cas de cataracte traumatique, l'expert précisera la lésion anatomique, indiquera si le champ visuel est totalement obscurci par les débris capsulaires, il exprimera également le degré de correction possible par les verres.

Pendant la guerre une nouvelle expression a été introduite : celle de **cécité pratique**. On entend par cécité pratique : la perte pratiquement complète de la vision binoculaire ou acuité visuelle pour les deux yeux, réduite à un tel point que la vue est complètement inutilisable pour guider un travail manuel.

Certains médecins font usage sans autres explications du terme de vision réduite à la perception lumineuse, or, la perception lumineuse n'est pas un degré de vision, il faut cependant la noter.

Sont atteints de cécité pratique les quasi-aveugles dont la

vision centrale ou acuité visuelle est égale à un vingtième d'un côté et inférieure à un vingtième de l'autre côté, avec vision périphérique ou champ visuel déficient, c'est-à-dire presque nul.

EXEMPLE. — *Cécité pratique par acuité visuelle binoculaire inférieure à un 50e et vision réduite à la perception lumineuse avec champ visuel presque nul, par décollement de la rétine suite de contusion du globe par....*

Lorsque la vision d'un seul œil est réduite à la perception lumineuse, on n'emploiera jamais le mot de cécité pratique d'un œil.

Maxillaires. — Les maxillaires étant avant tout les organes de la mastication, on décrira ce qui entrave cette fonction : perte de substance osseuse; destruction des dents numériquement comptées; désaxation des arcades dentaires; non intégrité de l'articulation temporo-maxillaire; limitation maximum des extrémités dentales pendant l'ouverture active de la bouche; possibilité ou non de l'alimentation solide, et comme conséquence retentissement sur l'état général; dénutrition.

EXEMPLE. — *Perte complète de substance osseuse sur une étendue de 2 centimètres sans consolidation, à la branche horizontale de l'hémimaxillaire droit, à un centimètre en arrière de la symphyse mentonnière, avec disparition de huit dents au niveau de cette branche et destruction du rebord alvéolaire correspondant, désaxation en arrière de l'hémimaxillaire inférieur gauche.*

Perte de six dents au maxillaire supérieur droit avec abrasion du rebord alvéolaire correspondant.

Limitation de l'écartement des extrémités dentales restantes à 1 centimètre 1/2 pendant l'ouverture active de la bouche par arthrite temporo-maxillaire.

Lésions mettant obstacle à toute alimentation solide et entraînant un état de dénutrition.

Membres. — Une distinction s'impose entre le membre

actif et le membre passif, pour les membres supérieurs, car le taux de l'indemnisation varie. Le membre actif est le droit chez le droitier et le gauche chez le gaucher; inversement donc pour le membre passif.

Articulations. — Dans une articulation, anatomie et physiologie s'associent. Il conviendra, partant de la nature de la lésion anatomique, de définir ce qui reste de la fonction physiologique. Or comme tout mouvement articulaire se fait selon un angle, on inscrira en degrés l'amplitude des mouvements encore possibles lorsqu'il s'agira d'une raideur et les angles d'immobilisation lorsqu'on définira une ankylose.

Le médecin-expert n'emploiera jamais au hasard, par confusion, les termes d'ankylose ou de raideur. Chaque mot a sa signification sans synonymie possible : la définition d'ankylose demeure réservée aux soudures osseuses incurables, celle de raideur aux consolidations fibreuses susceptibles d'évoluer par le temps, l'usage ou le traitement.

Une note conservée dans les archives de chaque centre de Réforme parue sous le timbre C. C. M. en février 1917 donne les méthodes employées pour la **mensuration exacte des angles** de mobilisation ou d'immobilisation.

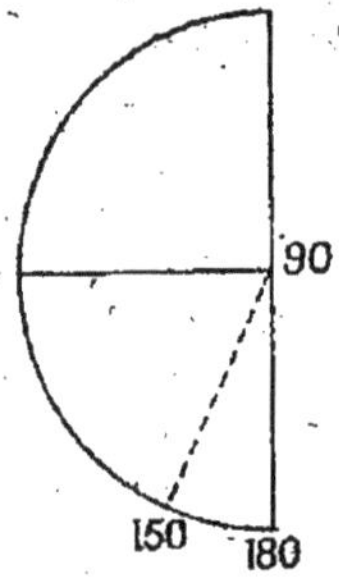

A chaque expertise sera joint un schéma annexé au libellé, semblable à celui ci-contre, sur lequel l'expert marquera l'angle d'immobilisation d'une articulation. Sur cette figure le trait 90 à 150 correspond à un angle d'immobilisation de 150 degrés, soit par exemple : une ankylose osseuse du coude fixée à 150 degrés.

Comme les lésions articulaires retentissent sur l'appareil musculaire, l'amyotrophie se notera[1].

Épaule. — Tenir compte de la mobilité de l'omoplate. Pour la mensuration angulaire les points de repère sont

1. Mieux serait d'employer le mot d'atrophie circonférencielle.

l'apophyse coracoïde et la grosse tubérosité de l'humérus. L'apophyse coracoïde se rencontre à la partie supérieure du sillon delto-pectoral, elle se sent à l'union du tiers moyen avec le tiers externe de la clavicule, à 2 centimètres au-dessous de son bord antérieur. La grosse tubérosité de l'humérus proémine sous l'acromion.

L'articulation de l'épaule en expertise correspond à la dépression comprise entre ces deux saillies, c'est là qu'on placera la charnière du goniomètre dont une branche immobilisée sera maintenue verticalement le long de la paroi antérieure de l'aisselle, et l'autre branche mobile posée sur la partie interne de l'avant-bras en avant du coracobrachial suivra les mouvements de cet avant-bras.

Dans l'articulation de l'épaule sont à étudier : l'anté et la rétropulsion, l'abduction, l'adduction et la rotation.

EXEMPLE. — *Ankylose osseuse complète scapulo-humérale droite maintenant le bras fixé en attitude rigide le long du tronc, avec raccourcissement total du membre de 3 centimètres. Amyotrophie de 5 centimètres au bras, de 4 centimètres à l'avant-bras.*

Suite de résections de la tête humérale au-dessus du col anatomique nécessitée par un fracas par....

Ou encore :

Raideur serrée de l'épaule gauche sous un angle de 30 degrés permettant une abduction active allant de 30 à 40 degrés et limitant à l'ébauche les mouvements d'anté et de rétropulsion ainsi que celui d'adduction, avec suppression de la rotation scapulo-humérale.

Amyotrophie au bras 5 centimètres; à l'avant-bras 4 centimètres.

Suite de : pyaorthrite consécutive à une blessure intra-articulaire par....

Coude. — En prenant la définition Tillaux, nous admettrons que la région du coude s'étend au point de vue clinique à deux travers de doigt environ au-dessus et au-dessous du pli cutané résultant de la flexion de l'avant-bras sur le bras.

C'est sur l'exploration postérieure et latérale externe du coude que porteront principalement nos investigations ; nous recherchons le jeu de l'articulation huméro-cubito-radiale.

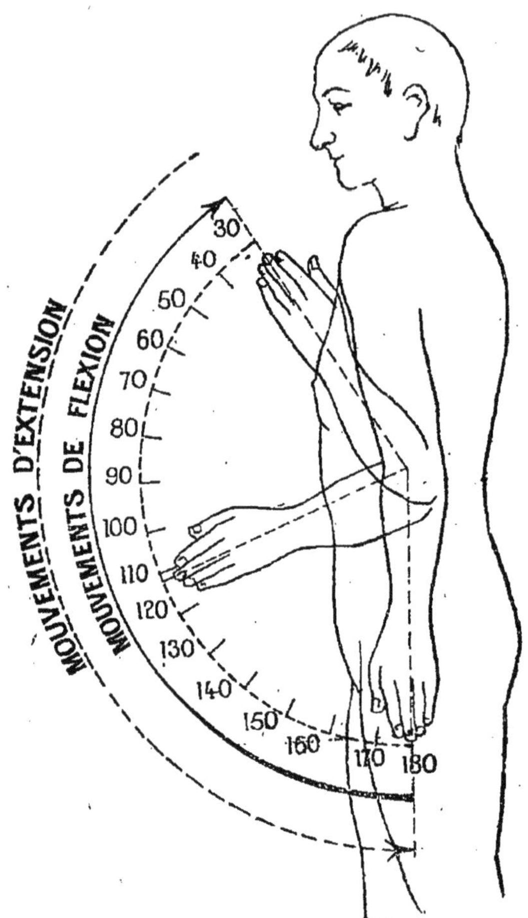

Schéma de la commission, consultative médicale.

En plaçant le doigt au-dessous de l'épicondyle et un peu en arrière, on touche la cupule du radius. C'est là le point de repère fixe pour la mensuration des angles et non au niveau du pli cutané situé selon les individus à 2 ou à 4 centimètres au dessus de l'interligne articulaire.

La flexion de l'avant-bras sur le bras part de l'extension

complète à 180 degrés pour s'arrêter à la flexion extrême 30 degrés.

En pratique un avant-bras est dit en extension lorsqu'il est immobilisé entre 180 et 111 degrés et en flexion lorsqu'il est immobilisé entre 110 et 30 degrés (*Guide Barème*).

Dans les mouvements de l'avant-bras tiennent une place considérable la pronation et la supination dont l'ensemble prend le nom de rotation.

La pronation et la supination se comptent en partant de la position intermédiaire ou position indifférente, c'est celle d'un avant-bras et d'une main dont le bord cubital repose verticalement sur un plan horizontal, soit une table. Si partant de cette position, la face palmaire de la main et la face antérieure de l'avant-bras arrivent au contact direct du plan horizontal, l'avant-bras a décrit une pronation de 90 degrés, l'angle de supination ou angle inverse ne dépasse que rarement 70 degrés. Mais pour plus de facilité dans le calcul de ces angles, on les notera en partant de 1 à 90, le 1 correspondant au commencement de la pronation, lorsque la face palmaire de la main appuie sur le plan horizontal; la supination partira également de 1 à 70, lorsque le bord cubital de la main est au contact du plan horizontal.

La mensuration des angles de rotation demande des appareils spéciaux qui ne se trouvent pas dans les centres de Réforme, on y suppléera en se servant du goniomètre dont on maintiendra la charnière au niveau de l'extrémité des doigts. En pratique les expressions suivantes suffiront : suppression de la rotation, rotation réduite à l'ébauche, pronation réduite au quart de l'amplitude normale, supination réduite au tiers.

EXEMPLE. — *Ankylose osseuse complète huméro-cubito-radiale droite en flexion à 100 degrés, radioscopiquement confirmée, avec immobilisation absolue de l'avant-bras en position intermédiaire sans rotation active ou passive possible, et raccourcissement total du membre de 3 centimètres.*

Amyotrophie au bras 7 centimètres, à l'arant-bras 5 centimètres.

Suite de résection intra-condylienne nécessitée par....

Si c'est une raideur on peut ainsi libeller :

Raideur serrée du coude gauche en extension à 115 degrés réduisant la flexion active entre 115 et 110, ne permettant aucune extension, avec avant-bras en demi-pronation, et limitation de la rotation à l'ébauche. (Ou encore selon les circonstances : au tiers ou au quart de son amplitude normale) avec conservation des mouvements du poignet et des doigts, suite de....

Poignet. — L'interligne articulaire peut être représenté par une ligne allant de la pointe de l'apophyse styloïde du cubitus à la partie médiane de l'apophyse styloïde du radius, c'est donc à l'extrémité de la styloïde cubitale que se placera la charnière du goniomètre.

Nos recherches porteront surtout sur les mouvements de flexion allant jusqu'à 85 degrés, et sur ceux d'extension s'arrêtant à 60 degrés (Le Meignen), en se rappelant que les traumas du poignet retentissent sur les autres articulations de la main : carpienne, métacarpienne et digitales. La pince pollici-digitale a une importance considérable.

Il est également indispensable de décrire la position de la main par rapport à l'axe de l'avant-bras. Cet axe prolongé passe normalement par le 3e métacarpien.

EXEMPLE. — *Raideur serrée du poignet gauche, limitant la flexion active à 15 degrés, l'extension à l'ébauche avec main botte radiale. Les doigts sont presque inutilisables pour la préhension par raideur des articulations métacarpo-phalangiennes et interphalangiennes.*

Suppression de la pince entre le pouce et l'index et diminution de la flexion des doigts, la pulpe n'arrivant pendant leur fermeture active qu'à 8 cm. du talon de la main.

Amyotrophie au bras 4 cm., à l'avant-bras 3 cm.

Suite de....

Hanche et genou. — L'axe de l'articulation coxo-fémorale est difficile à déterminer. Cependant, le fémur étant fléchi à angle droit sur le bassin avec légère adduction de la cuisse, si on tire une ligne allant de l'épine iliaque A et S à, la partie la plus saillante de l'ischion, le centre de cette ligne passera par le sommet du grand trochanter et correspondra à l'axe de l'articulation de la hanche. Le sommet du grand trochanter est donc le point de repère à retenir.

Les mouvements de la hanche sont ceux de flexion en avant

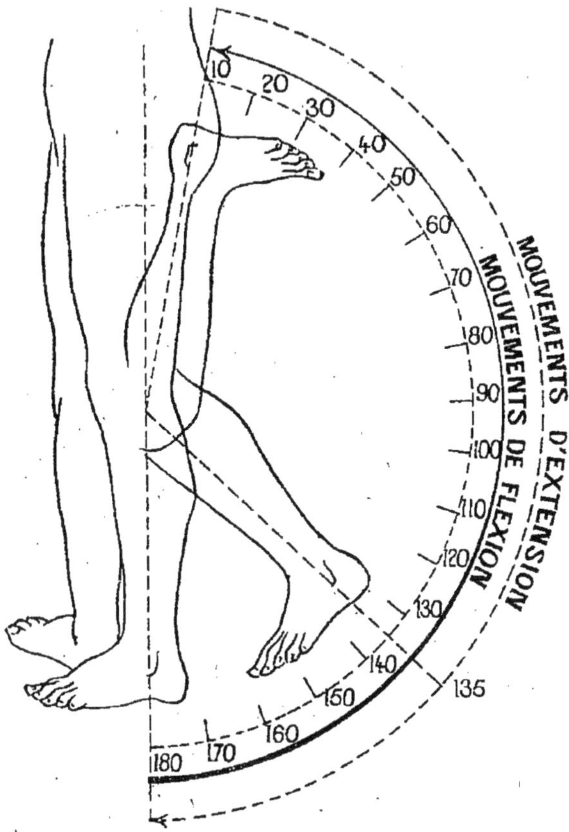

Schéma de la commission consultative médicale.

et en arrière, d'extension, d'abduction et d'adduction, ce dernier n'ayant pas une grande importance.

Dans les mouvements du genou l'extension et la flexion sont capitales, il faudra également noter la désaxation du membre en varum ou en recurvatum.

Le point de repère fixe pour la mensuration angulaire est situé légèrement au-dessus de la tête du péroné.

L'utilisation du membre inférieur est sous la dépendance des services que rend le pied pour la marche. De ce fait on déduira qu'une articulation de la hanche ou du genou est pratiquement en flexion, et entraîne la perte de l'usage du membre, lorsque les extrémités des orteils ne peuvent, dans la station verticale, toucher le sol ou être utilisés pour la marche. Pour le genou la flexion commence à 135 degrés.

En résumé, le membre est en flexion lorsque l'avant-pied ou ses orteils « ne sont pas marchant ».

Exemple. — *Ankylose osseuse complète de l'articulation coxofémorale gauche en flexion à 135 degrés avec extrémite des orteils ne touchant pas le sol dans la station verticale, et raccourcissement du membre de 4 cm.; amyotrophie à la cuisse de 10 cm, à la jambe 7 cm.*

Suite de résection partielle de la tête fémorale nécessitée par une blessure par....

Os. — Ce sont les lésions des os longs qui entraînent le plus souvent de grosses impotences fonctionnelles.

L'expert sera en face de fractures compliquées se traduisant, soit par un état ballant du membre, soit par une consolidation vicieuse avec raccourcissement.

État ballant ou pseudarthrose sont synonymes, cependant, afin de ne pas confondre les pseudarthroses avec les néarthroses, le mot de pseudarthrose sera seulement réservé aux diaphyses (Cir. Mens. C.C.M., septembre 1917).

Exemple. — *Bras gauche ballant par résection sur une étendue de 5 cm. de l'épiphyse supérieure de l'humérus au-dessus du col anatomique avec raccourcissement du membre de 4 cm. Amyotrophie au bras de 6 cm., à l'avant-bras de 4 cm.*

Suite de fracas par... avec pyoarthrite consécutive.

Raccourcissement et Cal. — Le raccourcissement en dehors de toute autre infirmité détermine parfois le degré d'invalidité le plus marqué. On indiquera seulement le raccourcissement réel sans tenir compte des courbures de compensation.

Les cals seront décrits d'après leur forme et l'influence qu'ils ont sur les axations du membre.

EXEMPLE. — *Raccourcissement de 10 centimètres du membre inférieur droit, par consolidation vicieuse d'une fracture au tiers inférieur du fémur, avec cal volumineux, irrégulier, en crosse à convexité externe, et glissement du fragment inférieur sur le fragment supérieur ; lésion compliquée d'une ankylose osseuse complète du genou en rectitude avec déviation de l'axe de la jambe en varum. Le pied ne porte pas sur le sol.*

Amyotrophie à la cuisse 10 centimètres, à la jambe 7 centimètres.

Suite de....

Nerfs. — Prière de se rapporter au chapitre Electro-Diagnostic ; ne jamais oublier l'état de dégénérescence partielle ou totale.

Les lésions nerveuses traumatiques sont le plus souvent dues à des contusions, à des compressions, à des inclusions dans un cal, à des infections septiques secondaires, à des sections, etc....

Les symptômes consisteront en troubles moteurs, sensitifs, trophiques, vaso-moteurs, sécrétoires. La dissociation de la symptomatologie est fréquente. Les troubles moteurs sont généralement associés aux troubles trophiques, mais il peut arriver que les troubles trophiques vaso-moteurs se manifestent à l'état isolé. Pour simplifier le travail de l'expert, nous résumerons par tableaux la fonction des principaux nerfs.

Innervation du membre supérieur.

I. Nerf musculo-cutané . . .	*Coraco-Brachial.* *Brachial antérieur.* *Biceps.*
II. Radial.	*Triceps.* *Long supinateur.* *Premier radial.* *Deuxième radial.* *Court supinateur.* *Extenseur commun des doigts.* *Extension propre du petit doigt.* *Cubital postérieur.* *Anconé.* *Long abducteur du pouce.* *Court et long extenseur du pouce.* *Extenseur propre de l'index.*

Le Radial est le nerf de l'extension.

Exemple. — *Paralysie radiale gauche avec R. D. complète caractérisée par une main tombante, les doigts en demi-flexion sur la paume de la main avec abolition complète des mouvements d'extension des doigts et de la main. Le pouce est en flexion et en adduction. Réduction de la supination à 45 degrés.*

Amyotrophie au bras 5 cent., à l'avant-bras 3 centimètres.

Suite de blessure par... au tiers supérieur de l'avant-bras.

N. B. L'impossibilité de l'extension peut atteindre le coude.

III. Médian	*Rond pronateur.* *Grand palmaire.* *Petit palmaire.* *Fléchisseur superficiel.* *2e Faisceau externe du fléchisseur profond (index et médius).* *Fléchisseur du pouce.* *Carré pronateur.* *Lombricaux 1er et 2e.* *Court abducteur du pouce* [1]. *Court fléchisseur du pouce.* *Opposant du pouce.*

1. Est également innervé par le radial.

Le Médian est le nerf de la rotation et de la flexion, il préside à la fermeture de la main.

EXEMPLE. — *Paralysie du nerf médian droit avec R. D. complète caractérisée par la suppression des mouvements du pouce, sauf l'adduction, par l'abolition presque complète de ceux de l'index et une atrophie de l'éminence thénar avec une extension permanente de tous les doigts rendant impossible leur flexion et la fermeture de la main. La rotation de l'avant-bras est réduite à la moitié de son amplitude normale. Hypoesthésie palmaire et dorsale de la moitié de la main.*

Amyotrophie au bras et à l'avant-bras 2 centimètres.

Suite de blessure par....

IV. CUBITAL	*Cubital antérieur.* *2e Faisceau interne du fléchisseur.* *3e et 4e Lombricaux.* *Adducteur du pouce.* *Adducteur du petit doigt.* *Court fléchisseur du petit doigt.* *Opposant du petit doigt.* *Interosseux.*

Le Cubital est le nerf de l'éminence hypothénar, de la flexion des phalangines et phalangettes et de l'extension des phalanges.

EXEMPLE. — *Griffe cubitale droite avec R. D. complète par paralysie de ce nerf, caractérisée par une flexion permanente des 2e et 3e phalanges des 4 derniers doigts sur la 1re phalange en extension, cette attitude étant plus accentuée à l'annulaire et à l'auriculaire avec pouce en rotation interne et presque abolition de l'adduction.*

Amyotrophie....

Suite de....

Innervation du membre inférieur.

Queue de cheval.

EXEMPLE. — *Paralysie des nerfs de la queue de cheval entraînant l'incontinence permanente des urines, la rétention des matières fécales, la perte des fonctions génitales, une parésie légère du membre inférieur droit et une anesthésie en selle (périnéo-ano-scrotale).*

Suite de plaie pénétrante de la région lombaire par....

1° Plexus lombaire.

Deux branches terminales : A. Crural. — B. Obturateur.

A) CRURAL.	*Psoas.* *Iliaque.* *Couturier.* *Triceps fémoral.* *Pectiné.*
B) OBTURATEUR.	*Moyen adducteur*[1]. *Grand adducteur*[2]. *Petit adducteur.* *Droit interne.*

1° **Le Crural** est fléchisseur de la cuisse sur le bassin et extenseur de la jambe sur la cuisse.

2° **L'Obturateur** commande les adducteurs.

2° Plexus sacré.

Trois branches terminales à explorer : A. Fessier supérieur. — B. Petit sciatique. — C. Grand sciatique.

A) FESSIER SUPÉRIEUR	*Tenseur du fascia lata.* *Moyen fessier.* *Petit fessier.*
B) PETIT SCIATIQUE	*Grand fessier.*
C) GRAND SCIATIQUE	*Longue portion du biceps.* *Courte portion du biceps.* *Demi tendineux.* *Demi membraneux.*

1. Est également innervé par le crural.
2. Est également innervé par le grand sciatique

Le grand sciatique se divise en deux branches[1] :

Branche	Muscles	
A) Sciatique poplité externe	*Jambier antérieur.*	
	Extenseur commun des orteils.	
	Extenseur propre du gros orteil.	
	Long péronier latéral . . .	sont sous l'action du musculo-cutané.
	Court péronier latéral . . .	
	Pédieux.	
	Interosseux dorsaux.	
B) Sciatique poplité interne.	*Jumeau externe.*	
	Jumeau interne,	
	Soléaire.	
	Poplité.	
	Fléchisseur du grand orteil.	
	Jambier postérieur.	
	Fléchisseur commun.	

Le **petit sciatique** est extenseur et rotateur en dehors.

Le **grand sciatique** est extenseur de la cuisse et fléchisseur de la jambe.

Le **poplité externe** : extenseur du gros orteil et fléchisseur du pied.

EXEMPLE. — *Paralysie dissociée du nerf sciatique droit avec R. D. complète pour l'extenseur commun et le fléchisseur des orteils. Abolition de la flexion des orteils, de l'extension du pied qui est ballant. Troubles circulatoires et trophiques à la face dorsale du pied ainsi que sur le bord externe et à la plante.*

Marche en steppant.

Suite de : Section du sciatique avec suture.

Blessure par....

Ou encore :

Parésie légère des poplités externes et internes caractérisée par un équinisme irréductible du pied à 105 *degrés avec rétraction des fléchisseurs, troubles sensitifs et vaso-moteurs, disparition des réflexes achilléens.*

1. Les experts s'accordent à différencier la sciatique poplité interne de l'externe sans tenir compte de leurs branches terminales.

Amyotrophie....
Suite de....

Exemple. — Paraplégie consécutive à une intoxication. Perte complète de la motilité des membres inférieurs, troubles vaso-moteurs, rougeur et refroidissement des pieds, troubles trophiques de la peau (ongles striés et cassants, peau ichtyosique et sclérodermique), anesthésie totale des deux membres inférieurs. Cas de troubles des réservoirs. Marche impossible, même avec béquilles.

Suite d'intoxication par gaz asphyxiants.

LÉSIONS D'ORDRE MÉDICAL

Nous serons sobres d'indication, les maladies se décrivent par leurs symptômes, se confirment parfois par les recherches bactériologiques, peuvent être localisées en certaines circonstances par la radioscopie, elles retentissent enfin sur l'état général; autant de points à envisager dans une rédaction.

Nous prendrons comme exemple la **tuberculose** pulmonaire, car les nombreux certificats que nous avons eus en lecture étaient souvent insuffisants.

Et d'abord il est des expressions à définitivement abolir de notre vocabulaire : bronchite suspecte, sommet douteux, prétuberculose. Une circulaire ministérielle appelle l'attention des médecins, sur la nécessité de caractériser un diagnostic par la symptomatologie observée. (Circ. Minist. 659, Ci/7 du 1er avril 1918).

Tout diagnostic s'affirme : il faut qu'une porte soit « ouverte ou fermée », or une porte entre-bâillée est ouverte, mais à un degré déterminé.

L'instruction ministérielle 1006-C. C. M. du 8 août 1916, institue une fiche spéciale annexée par les hôpitaux de traitement aux dossiers des tuberculeux.

Dans cette instruction, vous trouverez tout ce qu'il est indispensable de mentionner dans une rédaction de certificat :

Localisation unilatérale ou bilatérale de la lésion, au tiers des poumons aux deux tiers, etc., forme de l'évolution, condensation, ramollissement, excavation, forme fibro-caverneuse, fibreuse, ulcéreuse, les troubles surajoutés : hémophtisie dûment constatée, etc., courbe thermique, amaigrissement, toxhémie, sueurs, tachycardie, arythmie, dyspnée, anémie, diarrhée, albuminurie, en indiquant si ces troubles sont passagers ou constants, accusés ou légers (voir page 60).

EXEMPLE. — *Tuberculose pulmonaire bilatérale fibro-caséeuse en évolution, localisée aux deux sommets, avec symptômes de caverne moyenne à gauche, lésion confirmée par la présence de bacilles de Koch dans les crachats et la radioscopie, hémoptysies répétées et constatées. Hyperthermie constante oscillant entre 38 et 39, avec troubles toxhémiques accusés : sueurs, tachycardie, diarrhée intermittente. Amaigrissement prononcé, poids 50 kilogrammes pour une taille de 1 m. 72. État cachectique avancé.*

L'expert devra faire appel à la clinique afin de ne pas déclarer comme tuberculeuses d'anciennes pleurésies du sommet dites apicales (Sergent) actuellement guéries et ne prêtant pas à indemnisation, ou encore des retrécis naso-pharyngiens, enrhumés chroniques. (Voir les travaux de Sieur et ceux de Sergent.)

Nous terminons, désireux de ne pas dépasser les limites que nous nous sommes imposées. Nos schémas descriptifs nous paraissent des indications suffisantes, mais seulement des indications.

FIXATION DU TAUX D'INVALIDITÉ

Le degré d'invalidité est en raison directe de l'infirmité et sera apprécié de 5 en 5 par degré jusqu'à 100. Cependant lorsque l'infirmité entraîne une impotence fonctionnelle inférieure à 10 pour 100 il n'y a pas lieu à rémunération (voir page 5).

Le degré d'invalidité se calculera d'après les bases indiquées aux Guides-Barèmes de 1915 et de 1919 ou d'après le tableau de classification de la loi de 1831 dit « Échelle de Gravité ». Les Guides-Barèmes et l'échelle de gravité présentent parfois des différences d'appréciation.

Par application de l'article 65 de la loi 1919, l'intéressé bénéficiera de la réglementation la plus favorable à condition toutefois que les lois et règlements soient respectés. Il appartiendra à l'expert de choisir à l'avantage de l'expertisé le pourcentage le plus élevé ; pour ce faire il sera dans l'obligation maintes fois de comparer simultanément l'échelle de gravité et les Guides-Barèmes[1].

Le choix de l'expert entre les Guides-Barèmes et l'échelle de gravité ne pourra s'exercer qu'à « titre transitoire et seulement pour l'appréciation des infirmités provenant de la guerre ».

Pour faciliter le travail de l'expert nous passerons en revue les différents numéros de l'échelle de gravité en juxtaposant comparativement les degrés de pourcentage donnés par cette échelle de gravité et ceux afférents aux Guides-Barèmes. Mais ce tableau ne peut en aucune manière dispenser de consulter

1. L'échelle de Gravité est annexée au Volume officiel des Pensions (B. O. n° 66/1) et à la notice 5 du règlement sur le Service de Santé à l'intérieur.

Le Guide-Barème de 1915 a été publié par Lavauzelle; celui de 1919 au *Journal officiel* du 19 juin 1919.

les barèmes qui donnent des indications spéciales et indispensables à connaître.

Une doctrine s'est établie pendant la guerre permettant de ranger dans l'échelle de gravité certaines affections qui donnent droit au pourcentage de cette échelle. Nous les indiquons en italique.

Nous faisons remarquer également que toutes les infirmités de l'échelle de gravité sont incurables.

TABLEAU COMPARATIF ENTRE L'ÉCHELLE DE GRAVITÉ DE 1831 ET LES GUIDES-BARÈMES

X. A. veut dire membre actif ou membre droit chez les droitiers. — P. veut dire membre passif au membre gauche chez les droitiers. — Le membre actif est en réalité le membre « travaillant ».

PREMIÈRE CLASSE

Cécité ou perte absolue et irrémédiable de la vue : 100 pour 100 dans tous les cas.
Cécité pratique, voir page 34.

DEUXIÈME CLASSE

Amputation de deux membres : 100 pour 100 dans tous les cas.

TROISIÈME CLASSE (80 %)[1]

Amputation d'un membre (pied ou main).

	1831	1915	1919
Main. Avant bras	3e classe	A. 70 P. 70	A. 65 P. 55 ou amputations de tous les doigts.
Désarticulation du coude	3e cl.	A. 70 P. 70	A. 70 P. 60
Bras	3e cl.	A. 70 P. 70	A. 75 P. 65
Bras au tiers supérieur, infirmités multiples	3e cl.	8	
Désarticulation de l'épaule	3e cl.	A. 80 P. 80	A. 80 P. 70
Infirmités multiples	3e cl.	90	
Amputation inter-scapulo-thoracique	3e cl.	A. 80 P. 80	A. 85 P. 75
Pieds	3e classe	60 %	50 %
Jambe	3e cl.	60	55
Genou	3e cl.	60	60
Cuisse au tiers supérieur	3e cl.	70	80
Cuisse au tiers supérieur, infirmités multiples	3e cl.	85 (?)	
Cuisse au-dessous du tiers supérieur	3e cl.	60	65[1]
Hanche, désarticulation	3e cl.	80	80
Hanche, infirmités mutiples	3e cl.	90 (?)	

Appartiennent à la troisième classe avec 80 pour 100 les amputations : tarso-métatarsienne, sous-astragalienne, médio-tarsienne, intra-calcaléenne, lorsqu'après consolidation la marche n'est pas possible sur le moignon par cicatrice très douloureuse et ancienne, par attitude vicieuse du squelette de rétro-pied.

L'amputation inter-métacarpienne de la main a été également mise dans cette classe.

QUATRIÈME CLASSE (80 %)[2]

Perte absolue de l'usage des deux membres. Infirmités équivalentes.

	1831	1915	1919
N° 1. — Hémiplégie complète	4e classe	100 %	A. 70 à 80 P. 55 à 60
Paraplégie complète	4e cl.	100 avec troubles des réservoirs.	100 avec ou sans troubles des réservoirs.
N° 2. — Altération grave des fonctions cérébrales *a*	4e cl.	80 à 100	10 à 100
N° 3. — PG. à la période d'état gâteux	4e cl.	100	10 à 90
N° 4. — Mutilation étendue de la face, comprenant : A. — A la fois l'œil, l'orbite et le maxillaire supérieur du même côté	4e cl.	80	80 à 90

1. Amputation de la cuisse au-dessous du trochanter avec ankylose de la hanche 70. — 2. 100 avec aphasie.
a. La maladie du sommeil peut se ranger dans cette classe (7 CMCCM).

	1831	1915	1919
B. — Les deux maxillaires supérieurs et le nez, ou un maxillaire supérieur et l'inférieur	4e classe	80 %	80 à 90 90 maxillaire supérieur et inférieur.
C. — La mâchoire inférieure en sa totalité avec la langue	4e cl.	80	Le maxillaire s'évalue de 60 à 80 La langue 10 à 40
N° 5. — Fistule stomacale	4e cl.	100 (non opérable),	50 à 90 (non opérable).
Anus contre nature. Intestin grêle.	4e cl.	100 (très incontinent).	20 à 90 suivant hauteur. largeur et incontinence.
N° 6. — Ablation simultanée des testicules et du pénis.	4e cl.	60	90 La miction se faisant par un méat périnéal ou hypogastrique.
N° 7. — Ankylose simultanée des articulations, membres supérieurs et inférieurs par rhumatisme.	4e cl.	Ankylose des deux hanches 90 à 100 De la presque totalité des articulations 100.	Très variable selon les cas peut arriver à 80 et 90

Cette cinquième classe n° 7 de l'échelle de gravité n'est applicable qu'aux ankyloses totales frappant simultanément plusieurs grandes articulations aux membres supérieurs et aux membres inférieurs et à cette condition essentielle que l'origine de l'affection soit nettement rhumatismale. Dans le cas contraire on appliquera le barème soit de 1915, soit de 1919. Soit 100 lorsque l'ankylose en mauvaise position immobilise au lit.

CINQUIÈME CLASSE (65 %)

	1831	1915	1919
N° 8. — Amputation tarso-métatarsienne, médio-tarsienne. . .	5e classe	30 %	35 à 40 40 si marche sur l'extrémité du moignon basculé.
Sous-astragalienne lorsque la marche est possible sur le moignon.	5e cl.	40	45

Il est nécessaire de faire très attention à ce fait que ces amputations peuvent donner droit à une troisième classe (80 *pour* 100) *lorsque la marche est impossible sur le moignon. On calculera l'angle de mobilité du moignon.*

	1831	1915	1919
N° 9. — Hémiplégie incomplète.	5e cl.	40 à 70	A. 10 à 60. P. 8 à 45
Paraplégie incomplète	5e cl.	70	30 à 90 (selon que la marche est possible ou impossible avec béquilles).
N° 10. — Paralysie générale progressive à la période d'état. . .	5e cl.	80	10 à 90 selon l'état démentiel, voire même 100.
N° 11. — Ataxie locomotrice progressive	5e cl.	60 à 80	10 à 100

La nature syphilitique de ces affections n'empêche nullement de les classer aux nos 9, 10 *ou* 11 *même lorsque le Wasserman est positif; la guerre ou les fatigues du service sont considérées comme cause aggravante.*

	1831	1915	1919
N° 12. — Épilepsie, accès épileptiformes. Chorée, spasmes fonctionnels. Paralysie agitante ou autres névroses de la motilité et de la sensibilité.	5e cl.	25 à 100 100 accès subintrants.	50 à 80

En cas de lésion cérébrale avec épilepsie, l'épilepsie sera considérée comme infirmité surajoutée.
Le pithiatisme ne peut être rangé dans cette classe.

	1831	1915	1919
Nº 13. — Paralysie d'un organe important	5ᵉ classe	A consulter les Guides-Barèmes, les degrés d'invalidité variant de 5 à 70. Le cas de 70 se rapportant à la paralysie rectale, avec incontinence du réservoir et non associée à une paraplégie.	
Nº 14. — Atrophie musculaire progressive de tout un membre ou incomplètement de deux membres ou s'étendant à tout le tronc	5ᵉ cl.	60 à 70	10 à 80
Nº 15. — Ulcère ou cicatrice ulcérée, résultant de plaie ou de grande perte de substance.	5ᵉ cl.	Variable selon l'impotence fonctionnelle qu'ils entraînent.	

Le nº 15 est rarement justifié et ne doit être employé qu'avec énormément de circonspection et à condition toutefois que l'infirmité soit au sens absolu du mot équivalente à la perte de l'usage d'un membre.

	1831	1915	1919
Nº 16. — Éléphantiasis	5ᵉ cl.	30 à 100	30 à 90
Lèpre.	5ᵉ cl.	30 à 100 90 à 100 formes mutilantes.	30 à 90 60 à 90 formes mutilantes.
Ulcères profonds, étendus ou multiples des pays chauds.	5ᵉ cl.	60 à 80	30 à 60
Nº 17. — Cicatrice profonde du crâne avec perte de substance du péricrâne et des os dans toute leur épaisseur provenant d'un traumatisme ou d'une opération. . . .	5ᵉ cl.	20 à 30	5 à 20 20 à 40 au-dessus pièce 5 fr.

Les conditions établies par la jurisprudence de la C. C. M. permettant de donner 65 pour 100 sont :

A. *Perte de substance osseuse cranienne des deux tables sur une étendue dépassant une superficie d'une pièce de cinq francs, c'est-à-dire de 12 cm. c. avec cicatrice impulsive et pulsatile.*

B. *Ou encore double perte de substance osseuse des deux tables quelle que soit l'étendue.*

C. *En cas de cranioplastie même droit que ci-dessus si la réfection des tables n'est pas complète.*

N. B. — *Les troubles encéphaliques donnent droit à une invalidité supplémentaire.*

	1831	1915	1919
N° 18. — Déviation persistante de la tête et du tronc produisant une gêne considérable des mouvements. Lésion du rachis et des muscles.	5° classe	Les Guides-Barèmes donnent des chiffres variant de 20 à 60, selon l'état d'impotence fonction, peut aller à 80 si spondylose rhizomatique avec gêne respiratoire.	
N° 19. — Surdité complète des deux oreilles	5° cl.	50	60
N° 20. — Destruction. Atrophie d'un œil ou perte complète de la vision	5° cl.	30	25 à 30 40 avec lésions cicatricielles ne permettant pas la prothèse.

Le n° 20 avec 65 pour 100 de l'échelle de gravité ne tient pas compte si la cavité orbitaire en cas d'énucléation peut ou ne peut pas permettre la prothèse. Autrefois on admettait qu'en cas d'atrophie de l'œil il fallait qu'il y ait également une déformation extérieure très apparente (par staphylôme, leucôme, hernie de l'iris, etc.). Cette distinction n'existe plus actuellement.

N° 21. — Perte de la vue d'un côté et diminution de la vue de l'autre côté.	5° cl.	30 à 70	20 à 90 Il est indispensable de s'en rapporter au tableau du Guide-Barème.

Voir cécité pratique, page 34, *qui donne* 100 *si l'autre œil a moins de* 1/20°.

Affaiblissement de l'acuité visuelle inférieure à un quart des deux côtés (Ophtalmie granuleuse, Iridochoroïde, Atrophie papillaire.	5° cl.	Consulter le Guide Barème,	Consulter le tableau spécial du Guide-Barème, sa documentation est précise.

Le mot cécité pratique ne doit être employé pour un seul œil.

En principe l'application du n° 21 de l'échelle de gravité favorise le blessé. Il fut employé de préférence pendant la guerre.

	1831	1915	1919
N° 22. — Déformation de la face, des paupières et des voies lacrymales.	5° classe	Variable selon l'étendue des mutilations.	

Ce n° 22 de l'échelle de gravité de 1831 n'est applicable qu'à la condition que la lésion soit réellement importante et entraîne une gêne fonctionnelle telle que, presque occlusion de la fente palpébrale avec gêne cicatricielle de l'ouverture de la bouche et entrave à la mastication.

	1831	1915	1919
N° 23. — Déformation de l'une ou l'autre mâchoire avec perte de substance étendue.	5° cl.	5 à 30	10 à 60
Déviation des arcades dentaires ou perte de la plupart des dents.	5° cl.	20	10 à 30
Destruction de la voûte palatine, du voile du palais . .	5° cl.	20 à 40	30 à 60 Si prothèse 10 à 30.
Ankylose temporo-maxillaire.	5° cl.	20 à 30	5 à 30

La Commission consultative médicale a appliqué pendant la guerre le n° 23 aux lésions suivantes :

A. — *Perte de toutes les dents aux deux maxillaires ou de la plupart de toutes les dents rendant la mastication impossible, avec état de dénutrition.*

B. — *Désaxation des arcades dentaires ne permettant pas la mastication ou obligeant à l'alimentation liquide.*

C. — *La perte de substance osseuse de deux travers de doigt au maxillaire inférieur avec mastication difficile malgré un appareil de prothèse.*

D. — *L'ankylose temporo-maxillaire ne permettant qu'un écartement d'un centimètre et demi des extrémités dentales et empêchant la mastication des aliments solides :*

Les experts ont tendance à confondre fréquemment les n°s 22 et 23 avec le n° 4 de l'échelle de gravité. Il importe donc de relire attentivement les distinctions qui s'imposent. Prière de revoir le n° 4 qui ne s'applique qu'aux mutilations étendues : soit simultanément œil, orbite et maxillaire supérieur, ou, encore ensemble, les deux maxillaires supérieurs et le nez, ou également un maxillaire supérieur et inférieur, ou la mâchoire inférieure en totalité *avec la langue.*

	1831	1915	1919
N° 24. — Fistule persistante ou rétrécissement des voies aériennes traumatiques. Fracture du larynx, plaie de la trachée, etc.	5° classe	30 à 40	50 à 60 60 si dysphonie et dyspnée.
Laryngo-trachéotomie nécessitant le port d'une canule.	5° cl.	50	50 à 60 Avec dyspnée 60.
N° 25. — Fistule persistante ou rétrécissement du pharynx et de l'œsophage	5° cl.	20 à 50 Selon la hauteur de la lésion.	10 à 50 Selon la hauteur de la lésion.
N° 26. — Fistule persistante ou rétraction considérable du thorax résultant soit d'un tramatisme, soit d'une pleurésie, soit d'un emphysème	5° cl.	20 à 30	10 à 50
N° 27. — Hernie irréductible du poumon	5° cl.	60 à 100[1]	10 à 40
N° 28. — Affection chronique du cœur et des gros vaisseaux provenant d'un traumatisme, de rhumatisme ou d'infection	5° cl.	60 à 100 100 dans le cas d'Asystolie.	5 à 90 90 quand asystolie ou complication cardio-rénales.
N° 29. — Bronchite chronique compliquée d'émphysème et d'affection du cœur ou d'accès d'asthme	5° cl.	100[2] Affection cardiaque non pensée.	90[2]
N° 30. — Tuberculose laryngée	5e cl.	20 à 100 Variable jusqu'à 100, selon l'état général, la dyspnée, la dysphagie, le sténose. Lésion se limitant aux cordes vocales 50.	
— pulmonaire	5° cl.		
— pleurale	5° cl.		

1. Tenir compte du volume du poumon hernié et de l'état général.
2. Bronchite chronique sans emphysème 20 à 30.

La Circulaire ministérielle 1006 *C. C. du* 8 *Août* 1918, *tout en laissant une large part à l'appréciation du médecin, permet un mode facile d'évaluation de la tuberculose pulmonaire. On a reproché à ce texte sa simplicité et surtout d'avoir renfermé en une série de chiffres la symptomatologie de la tuberculose. Mais un barème n'est-il pas composé de chiffres arrêtés par l'expérience et modifiable par l'expert dans certaines limites, celle du bon sens et de la conscience professionnelle. Nous transcrivons cette circulaire, il sera utile de la lire car son application rendra service; un très grand nombre de dossiers ont été traités en se basant sur ses indications.*

1° Présence de bacilles dans les crachats. . . . . 25 %.

2° Lésions pulmonaires.

LÉSIONS CONSTATÉES		LENTEMENT PROGRESSIVE A ÉVOLUTION		RAPIDEMENT ENVAHISSANTE FONTE CASÉEUSE
		Fibreuse ou fibro-caséeuse.	Caséeuse ou ulcéreuse.	
Condensation.				
Occupant une étendue correspondant à	1/3 de poumon. . . .	2	3	3
	2/3 de poumon. . . .	3	6	6
	un poumon	6	10	10
Ramollissement.				
Occupant une étendue correspondant à	1/3 de poumon. . . .	3	6	10
	2/3 de poumon. . . .	6	10	12
	un poumon	10	13	16
Excavation.				
Petite		»	3	6
Moyenne		»	6	10
Étendue		»	10	14

3° Courbe thermique.

CARACTÈRES.		UNITÉS.
Apyrexie habituelle		0
Hyperthermie modérée restant inférieure à 38.	avec période d'apyrexie	5
	continue	10
Hyperthermie accusée entre 38 et 39	avec faibles écarts quotidiens	20
	avec écarts quotidiens importants	25
Hyperthermie très accusée, maximum habituel supérieur à 39	à grandes oscillations	30
Hypothermie grave		30

4° Amaigrissement.

Non progressif. Coefficient de 1 par kg. en dessous de la normale.
Progressif. . . Coefficient de 2 — — —

5° Troubles toxémiques. Complications.

CARACTÈRES.			UNITÉS.
Manquent			0
Existent	Intermittents	légers	3
		accusés	6
		graves	10
	Permanents	légers	6
		accusés	10
		graves	14

REMARQUES.

1° Dans le cas de lésions bilatérales ajouter au total obtenu le chiffre 5, la bilatéralité étant une condition aggravante.

2° Si le total obtenu n'est ni un 5 ni un 0, arrondir le dernier chiffre en le portant au 5 ou au 0, immédiatement supérieur.

3° Il reste entendu que le chiffre obtenu est un pourcentage vrai, mais en aucun cas le pourcentage d'invalidité ne peut dépasser 100.

EXEMPLES. — 1° *Cas Type.*

Présence de bacilles dans les crachats	25 °/₀.
Condensation du sommet gauche	2 °/₀.
Poumon droit normal	0 °/₀.
Amaigrissement progressif (3 kgs.)	6 °/₀.
Apyrexie	0 °/₀.
Pas de toxhémie	0 °/₀.
Soit : 35 °/₀	33 °/₀.

2° *Cas Type.*

Présence de bacilles dans les crachats	25 °/₀.
Ramollissement de 1/3 du poumon gauche	6 °/₀.
Condensation de 1/3 du poumon droit	2 °/₀.
Bilatéralité des lésions	5 °/₀.
Amaigrissement progressif (7 kgs.)	14 °/₀.
Fièvre modérée continue	10 °/₀.
Pas de toxhémie	0 °/₀.
Soit : 65 °/₀	62 °/₀.

3° *Cas Type.*

Présence de bacilles dans les crachats	25 °/₀.
Excavation moyenne	10 °/₀.
Ramollissement 2/3 poumon droit	10 °/₀.
Bilatéralité des lésions	5 °/₀.
Amaigrissement progressif (12 kgs.)	24 °/₀.
Fièvre accusée avec écarts importants	25 °/₀.
Toxhémie permanente accusée	10 °/₀.
Soit : 100 °/₀	109 °/₀.

N° 31. — Affection chronique de l'estomac consécutive à une maladie endémique des pays chauds, ou provenant d'un long séjour dans ces contrées ou des fatigues du service en campagne.	5e classe	50	30 à 80

Pendant la guerre les cancers ont été classés dans la 5e classe sans numéro y compris celui de l'estomac.

N° 32. — Dysenterie chronique avec détérioration de la constitution.	5e cl.	20 à 70 70 état général mauvais.	20 à 70 70 état général mauvais.
N° 33. — Engorgement chronique ou abcès du foie dû à l'influence du palustre ou à un séjour prolongé dans les pays chauds.	5e cl.	20 à 60 Selon le degré de fonctionnement hépatique.	20 à 60 Selon le degré du fonctionnement hépatique.
N° 34. — Cachexie palustre avec détérioration de la constitution et engorgement des viscères ou néphrite et hydropisie	5e cl.	50 à 70 70 à 90 si néphrite hydropigène avec mauvais état général.	60 à 90
N° 35. — Hernie ventrale volumineuse ou éventration	5e cl.	20 à 60 Si éventration hypogastrique 10 à 20.	30 à 60

On entend par éventration au sens « expertise » une perte considérable de la paroi, non réfectible, avec issue herniaire volumineuse, au moins égale à une grosse orange.

N° 36. — Fistule stercoraire d'origine traumatique	5e cl.	50 Exception pour fistule étroite ou iliaque gauche.	20 à 90 90 anus artificiel permanent haut situé incontinent.

	1831	1915	1919
N° 37. — Rétrécissement ou prolapsus du rectum.	5° classe	40 à 50	30 à 70
Fistule incurable à l'anus, suite de blessure, diarrhée, dysenterie pays chauds	5° cl.	20 à 40	10 à 40
N° 38. — Néphrite et cystite purulente unilatérale.	5° cl.	60 à 70	40 à 50
— double		70 à 100	50 à 80
Néphrectomie.		50	50 Si éventration 50 à 70.
Fistule rénale		60	40 à 60
Concrétions urinaires.	5° cl.		
Fistule vésicale.	5° cl.	20 à 70 70 cystite avec affection vésicale accentuée.	50 à 90[1] 90 pour la fistule vésico-rectale.
Fistule urétrale grave.	5° cl.	20 à 70 selon l'infiltration du périnée et des reins. Jusqu'à 100 s'il y a infection rénale.	30 à 90 Fistule uréthro-rectale 60 à 80, avec destruction du sphinctér anal 90.
Rétrécissement incurable ou perte de l'urètre causant l'incontinence ou la rétention	5° cl.	Variable.	60 à 90 Méat périnéal, 70. Méat hypogastrique, 90
N° 39. — Ablation totale du pénis.	5° cl.	20 à 40	60 à 70
Destruction des deux testicules.	5° cl.	30 à 60	70
N° 40. — Abcès par congestion symptomatique d'une lésion incurable du rachis ou du bassin.	5° cl.	60 à 70	50 à 70

1. Vésico intestinale 70, hypogastrique 50, fessière sacrée 50.

	1831	1915	1919
N° 41. — Impotence absolue d'un membre par :			
Arthrite suppurée chronique d'une grande articulation d'origine rhumatismale ou autre	5e classe	A. 60 P. 50 Membre inférieur 60.	Variable.
Déformation et ankylose des articulations consécutives à un rhumatisme chronique	5e cl.	Variable. Voir p. 79.	Variable. Voir p. 79.
Rétraction musculaire et tendineuse ou par brides et adhérences cicatricielles.	5e cl.	Variable.	Variable.
Déviation ou raccourcissement considérable par suite de fracture vicieusement consolidée.	5e cl.	Variable.	Variable.

Raccourcissement. — *Pour qu'un raccourcissement du membre inférieur ouvre droit à une 5e classe n° 41 il faut, d'après les règles établies par la jurisprudence, que ce raccourcissement soit réellement de 10 centimètres passés.*

	1831	1915	1919
Pseudarthrose consécutive à une fracture ou à une résection . .	5e classe		
Poignet ballant	Peuvent être rangés dans cette classe.	A. 20 P. 10	A. 40 P. 30
Avant-bras ballant selon que la pseudarthrose est lâche. . .		A. 30 à 40 P. 20 à 30	A. 40 P. 40
Coude ballant.		A. 50 P. 40	A. 50 P. 40
Bras.		A. 40 à 50 P. 30 à 40	A. 40 à 50 P. 30 à 40
		Les chiffres élevés se rapportent aux épiphyses.	
Épaule ballante		A. 10 à 20 P. 5 à 10	A. 60 P. 46
Jambe (deux os).		60	60
Genou ballant.		50	60
Cuisse.		60	60
Hanche.		70	70

	1831	1915	1919
N° 41. — Impotence absolue d'un membre par atrophie musculaire ou trophique d'origine rhumatismale ou autre.	5° classe	A. 60 P. 50 M. inf. 60	Comme les raideurs et ankyloses. M. inf. 40
N° 41. — Impotence absolue d'un membre.	5° cl.		
Paralysie d'origine traumatique, rhumatismale ou autre.	5° cl.	A. 70 P. 60	A. 70 P. 55
Paralysie totale du membre supérieur.	Peuvent être rangés dans cette classe si incurables.	A. 70 P. 60	A. 70 P. 55
Paralysie du type radiculaire supérieur Duchenne[1] Erb.		A. 20 P. 10	A. 40 P. 30
Radiculaire inférieur Klumpke		A. 30 P. 20	A. 60 P. 45
Paralysie totale du membre inférieur		60	50

Le n° 41 ne s'applique qu'aux lésions réellement incurables et entraînant la perte absolue de l'usage d'un membre. Certaines infirmités figurant à cette échelle de gravité existent également à la 6° classe, l'expert devra donc porter toute son attention afin de ne pas confondre par manque d'examen les infirmités de la 5° classe avec celles de la 6°.

N° 41. — Périosto-myélite généralisée, chronique, de cause traumatique	65	Variable.	Variable.
Luxation non réduite d'une grande articulation. . . .	65	Épaule. A. 40 P. 30 Ces luxations pour le membre inférieur se traitent comme ankylose, raideur et raccourcissements.	A. 10 à 30 P. 8 à 25
Anévrisme diffus, anévrisme artérioso-veineux étendu provenant d'une blessure.	65	Varie selon les vaisseaux et le degré d'importance fonctionnelle, voir p. 79.	

1. Les énumérations en accolades sont extraites des Guides-Barèmes.

	1831	1915	1919
N° 42. — Ankylose complète de :			
Épaule	5ᵉ classe	A. 40 à 60 P. 40 à 50	A. 35 à 45 P. 25 à 35
Coude en extension	5ᵉ cl.	A. 60 P. 50	A. 50 P. 45
Hanche en flexion	5ᵉ cl.	60 à 70	65
Genou en flexion	5ᵉ cl.	60	60
Du pied fortement dévié ou luxé	5ᵉ cl.	30 à 50	30 à 45

Un membre inférieur est dit en flexion lorsque les orteils ne touchent pas le sol ou sont inutilisables pour la marche. La flexion du genou va de 135 *jusqu'à* 30.

L'ankylose du pied ne justifie la cinquième classe n° 42 *que si ce pied est complètement luxé. Il ne faut pas faire rentrer dans cette classe les attitudes vicieuses psychopathiques.*

Prière de s'en rapporter à la définition que nous avons donnée de l'ankylose proprement dite. (Voir page 36.)

L'ankylose du coude comprend l'ankylose des trois articulations huméro-radio-cubitale entraînant l'abolition des mouvements de rotation de l'avant-bras. (Voir page 38.)

	1831	1915	1919
N° 43. — Flexion ou extension permanente de tous les doigts de la main	65	A. 60 P. 50	A. 60 P. 45

Ne pas oublier que le n° 43 *ne s'attribue qu'aux lésions incurables en tous leurs éléments, de préférence aux ankyloses osseuses.*

	1831	1915	1919
N° 44. — Ablation simultanée du pouce et de l'index avec ou sans enlèvement des métacarpiens correspondants	65	A. 50 P. 40	A. 45 P. 35 Avec enlèvement simultané des métacarpiens correspondants.

1. Voir le numéro 60.

	1831	1915	1919
N° 45. — Ablation de trois doigts et de leurs métacarpiens. . .	5° classe		
Pouce, index, médius.	Peuvent être rangés dans cette classe.	A. 60 P. 50	A. 50 à 60 P. 40 à 45
Index, médius, annulaire		A. 50 P. 40	A. 50 P. 40
Médius, annulaire, auriculaire.		A. 30 P. 20	A. 40 à 50 P. 30 à 40
Index et deux autres doigts.		A. 50 P. 40	A. 50 P. 40
Des quatre derniers doigts de la main.	5° cl.	A. 55 P. 45	A. 45 P. 35 Si immobilisation du pouce A. 60 P. 45.
De deux doigts avec gêne des mouvements ou déviation des doigts conservés et atrophie de la main.	5° cl.	Variable de 40 à 50.	Ne dépasse jamais 60.

L'amputation de tous les doigts d'une main a été cotée pendant la guerre à la cinquième classe sans numéro d'échelle de gravité de la cinquième classe. (Avis du Conseil d'État.)

	1831	1915	1919
N° 46. — Ablation des deux premiers métatarsiens.	5° cl.	20	20
Des trois derniers métatarsiens	5° cl.	25	25

Le premier et le cinquième métatarsien sont les plus importants dans la statique du pied.

SIXIÈME CLASSE (60 %)

	1831	1915	1919
N° 47. — Cicatrices étendues, douloureuses, rétractées, ulcéreuses, adhérentes aux organes profonds ou accompagnées de hernie musculaire, occasionnant une gêne fonctionnelle importante, quelle que soit la région .	6° cl.	20 à 60 Variable.	Se cotent selon le degré d'impotence fonctionnelle qu'elles entraînent.

Ce n° 47 ne peut s'appliquer qu'aux vastes cicatrices douloureuses occasionnant une gêne fonctionnelle considérable ou équivalente à une impotence très marquée.

	1831	1915	1919
N° 48. — Fistule persistante provenant d'une périostite nécrosique ou carieuse d'origine traumatique	6ᵉ classe	10 à 60	20 à 30

Rarement les fistules osseuses sont rangées dans cette catégorie, car généralement elles sont curables ou améliorables.

N° 49. — Tumeurs de natures diverses occasionnant un trouble fonctionnel grave et provenant manifestement d'un traumatisme subi dans le service	6ᵉ cl.	Variable selon leur importance. Celles carcinomateuses peuvent être évaluées jusqu'à 90 lorsqu'inopérables.	

La C. C. M. a classé les cancers dans la cinquième classe sans numéro.

N° 50. — Diminution très prononcée de l'ouïe des deux côtés. .	6ᵉ cl.	10 à 15	15 à 45
Surdité complète d'un côté avec paralysie faciale ou destruction de l'appareil auditif externe.	6ᵉ cl.	10 à 15 pour la surdité et 10 à 20 pour le facial surajouté.	20 pour la surdité, 10 à 30 pour le facial.
Voir page 32.		La déformation du pavillon donne 5 à 10 à surajouter.	

Le n° 51 a été supprimé par Décision Ministérielle du 1ᵉʳ mars 1907.

N° 52. — Hernie inguinale ou crurale (unique ou double), lorsqu'elle est irréductible ou présente des difficultés exceptionnelles de contention.	6ᵉ cl.	10 à 30	10 à 30

La hernie, pour être classée au n° 52, doit être d'un gros volume et très descendante, telle par exemple une hernie du gros intestin.

	1831	1915	1919
Hernie inguinale.	Lire la note précédente.	10 à 30	10 à 20
— crurale.		10 à 20	10 à 30
— bilatérale.		5 à 10	20 à 30

D'après le barème de 1915 *l'aggravation résultant de l'irréductibilité de la hernie est indemnisée au taux de* 10.

Le barème de 1919 *ne parle pas de cette indemnisation, mais admet les taux précités de* 10 *à* 30 *dans le cas d'incurabilité opératoire.*

Nº 53. — Hémorroïdes volumineuses et permanentes ayant amené l'affaiblissement de la constitution et développées sous l'influence du séjour dans les pays chauds	6ᵉ cl.	20 à 50	»
Nº 54. — Hydrocèle hématocèle devenue incurable par l'épaississement des parois vaginales ou par toute autre complication, et ayant pour origine un traumatisme attribuable au service.	6ᵉ cl.	40	10 à 15
Nº 55. — Varices développées, oblitérations veineuses compliquées d'œdème permanent, de troubles trophiques compliqués d'œdème permanent, de troubles trophiques prononcés ou d'ulcères.	6ᵉ cl.	20 à 30 Si phlébite double 50 à 70	20 à 30 Si phlébite double 20 à 50

Les varices seules sans troubles surajoutés ne donnent pas lieu à invalidité.

Nº 56. — Paralysie incomplète, atrophie incomplète d'un membre d'origine traumatique, rhumatismale (sciatique ou autre) attribuable aux fatigues ou dangers du service.	6ᵉ cl.	Variable selon le degré d'impotence fonctionnelle. Voir la nomenclature ci-dessous.	

Ce numéro 56 est rarement employé. On ne peut faire entrer dans ce numéro les hystéro-traumatismes.

	1831	1915	1919
Sous-scapulaire	Ne peuvent être mises dans cette classe que si lésion incurable entravant nettement la fonction du membre. On emploie généralement les Barèmes.	A. 15 P. 10	A. 10 P. 8
Circonflexe		A. 20 P. 10	A. 20 P. 15
Musculo-cutané		A. 50 P. 40	A. 30 P. 25
Médian au bras		A. 50 P. 40	A. 45 P. 35
Médian à la main		A. 20 P. 10	A. 45 P. 35
Médian avec causalgie			A. 80 P. 80
Cubital au coude		A. 50 P. 40	A. 30 P. 25
Cubital à la main		A. 10 à 15 P. 10	A. 20 P. 15
Radial au-dessus du coude		A. 60 P. 50	A. 50 P. 40
Radial au-dessous du coude		A. 60 P. 50	A. 40 P. 30
Sciatique poplité externe		20	30
— crural		40 à 50	40 à 50
Poplité interne			30
— externe et interne			40
— avec causalgie			60
N° 57. — Déviation partielle et rétraction partielle d'un membre par contracture ou paralysie musculaire, cicatrices adhérentes ou brides cicatricielles	6e cl.	Variable selon le degré d'impotence fonctionnelle.	

Même observation que ci-dessus.

	1831	1915	1919
N° 58. — Cal irrégulier, avec chevauchement ou direction vicieuse, ostéite ou cicatrice adhérente, etc., résultant d'une fracture des os longs des membres, des os du bassin ou de l'omoplate, et occasionnant une gêne considérable des fonctions.	6e classe	Variable.	Variable.

Ce numéro avec 60 pour 100 ne se justifie que si le cal est vraiment difforme avec fragments chevauchant et que la consolidation occasionne une gêne entravant réellement la fonction.

Pendant la guerre la Commission consultative médicale a admis d'une manière générale que tout raccourcissement réel et non apparent du membre inférieur entraînait d'emblée une 6e classe n° 58 lorsque ce raccourcissement mesurait 9 ou 10 cm. Au-dessus de 10 cm. 5e classe.

	1831	1915	1919
N° 59. — Arthrite chronique non suppurée d'une grande articulation d'origine traumatique rhumatismale ou autre.	6e cl.	60 non incurable.	Variable.

L'arthrite rhumatismale n'étant qu'un symptôme du rhumatisme entraîne le plus souvent la réforme n° 1 avec pension temporaire et le degré d'invalidité est calculé par rapport à la perte de l'usage d'un ou de plusieurs membres.

Lorsque le rhumatisme a déterminé des ankyloses osseuses irréductibles l'expert consultera les n°s 41 et 60 de l'échelle de gravité.

	1831	1915	1919
N° 60. — Ankylose complète du coude dans la flexion.	6e cl.	A. 30 à 60 P. 20 à 50	A. 35 à 45 P. 25 à 40
Ankylose du poignet avec gêne des mouvements de pronation, de supination et des doigts.	6e cl.	A. 20 à 50 P. 10 à 40	A. 20 à 60 P. 15 à 45 Abolition usage de la main A. 60 P. 45
Ankylose de la hanche dans la rectitude du membre. .	6e cl.	40 à 50	55
Ankylose du genou dans l'extension.	6e cl.	30 à 40	35
Ankylose du pied avec déformation, engorgement ou atrophie et gêne des mouvements des orteils, par suite de traumatisme	6e classe	30 à 50	30 à 45

Dans l'ankylose du coude il faut comprendre par ce mot « Ankylose complète avec gêne prononcée des mouvements de rotation de l'avant-bras. » (Voir page 37.)

	1831	1915	1919
N° 61. — Luxation non réduite des os du poignet.	6e cl.	Comme raideurs et ankyloses.	
Luxation des os du tarse déterminant une gêne fonctionnelle importante.	6e cl.	Évaluation variant de 10 à 50 selon la déviation du pied, l'immobilité des orteils, l'atrophie de la jambe.	
N° 62. — Luxation non réduite du pouce accompagnée de cicatrices adhérentes et de raideur des autres doigts. .	6e cl.	Variable de 5 à 40 pour le membre A. et de 4 à 30 pour le membre P. suivant la raideur des autres doigts et l'adhérence des cicatrices.	
N° 63. — Luxation non réduite du gros orteil accompagnée de cicatrices adhérentes et de raideur des autres doigts.	6e cl.	Variable de 8 à 20.	Variable de 0 à 15.
Flexion ou extension permanente de 3 doigts de la main avec gêne des mouvements des autres doigts, ou atrophie de la main ou de l'avant-bras.	6e cl.	Variable.	A. 60 P. 45
N° 64. — Ablation du pouce sans enlèvement de son métacarpien.	6e cl.	A. 20 P. 15	A. 30 P. 20
Ablation du pouce avec enlèvement du métacarpien. .	6e cl.	A. 30 P. 25	A. 35 P. 25

Pouce. — *Les décisions du Conseil d'État ont exigé pour donner la 6e classe n° 64 qu'il y ait réellement une désarticulation inter-métacarpo-phalangienne et non une ablation partielle du pouce, même resterait-il une parcelle de la phalange.*

	1831	1915	1919
N° 65. — Ablation de deux doigts avec enlèvement des métacarpiens correspondants	6e classe	Autres que l'index. A 20 à 30	Deux doigts autres que l'index. A. 20 à 30 P. 15 à 25
Ablation de deux doigts avec raideur des doigts conservés	6e cl.	Variable selon les doigts et la nature de la raideur, n'atteint jamais 60.	
N° 66. — Ablation de tous les orteils d'un pied	6e cl.	30	20 à 30
Ablation du premier métatarsien et du gros orteil. . .	6e cl.	15 à 20	20
Ablation de deux autres métatarsiens.	6e cl.	20	20

L'ablation des métatarsiens donne droit à la 6e classe même lorsqu'il y a conservation des orteils.

Orteils. — *La perte de tous les orteils d'un pied et de quelques orteils de l'autre pied a été considérée comme entraînant une invalidité de la 5e classe de l'échelle de gravité, à condition que l'autre pied présente une impotence fonctionnelle de* 10 *pour* 100. (*Décision du Conseil d'État.*)

La Commission consultative médicale a jugé comme suit :

1° *La perte simultanée des deuxième, troisième et quatrième orteils sans leur métatarsien,* 5e *classe.*

2° *Perte des orteils d'un pied, du gros orteil de l'autre pied,* 5e *classe.*

ÉVALUATION DES INFIRMITÉS MULTIPLES

Art. 11.

On appelle infirmités multiples, les infirmités surajoutées à l'infirmité principale.

Antérieurement à la loi de 1919 une Circulaire ministérielle 723 Ci/7 C. C. du 14 mai 1918 avait arrêté le mode d'indemnisation des militaires atteints d'infirmités multiples; le législateur a admis les principes fondamentaux de cette réglementation.

Les évaluations reposent sur la base suivante :

1° L'infirmité principale est comptée pour sa totalité, les invalidités supplémentaires se calculent par rapport à la validité restante, défalcation faite de l'infirmité principale ; soit une infirmité principale de 60 pour 100, la validité restante devient de $100 - 60 = \frac{40}{100}$; si à cette infirmité se superpose une seconde infirmité de 20 pour 100 par exemple, son degré d'invalidité équivaut donc au vingt centième des quarante centièmes de la validité restante : $\frac{40 \times 20}{100}$.

2° Les infirmités se décrivent et se classent d'après les taux d'invalidité, en mettant en première place les plus graves et ainsi de suite par ordre de décroissance.

3° Quand l'infirmité principale entraîne une invalidité d'au moins 20 pour 100 chaque infirmité supplémentaire est majorée d'une constante fixe de 5, de 10, de 15, de 20, etc..., suivant le rang qu'elle occupe dans son évaluation (Art. 11), soit :

Perte complète de la vision d'un œil.	65
Paralysie radiale droite......	50 + 5 = 55
Paralysie sciatique poplité externe..	30 + 10 = 40

4° Comme corollaire de ce qui précède, lorsque l'infirmité principale présente un degré d'invalidité inférieur à 20 pour 100, les constantes 5, 10, 15, etc... ne sont pas surajoutées aux infirmités supplémentaires, soit :

Flexion permanente de l'index droit...	15	pas de constante.
Flexion permanente du médius gauche.	12	

5° Les infirmités minimes qui donneraient lieu à un pourcentage inférieur à 10 pour 100 n'entrent pas en ligne de compte[1]. Cependant si simultanément la réunion de petites infirmités entraînent dans leur ensemble une gêne fonctionnelle égale ou supérieure à 10 pour 100, leur groupement sera compté avec ce pourcentage global, au même titre qu'une infirmité unique.

EXEMPLE : *Une petite infirmité de* 5, *une autre de* 3, *une autre de* 2. *Ceci fait au total* 10 *pour* 100.

6° Lorsque à chaque infirmité supplémentaire sera ajoutée, selon son rang de décroissance, la constante 5, 10, 15, etc..., on évaluera le pourcentage total en appliquant la méthode indiquée aux paragraphes 1, 2 et 3.

EXEMPLE, *soit* : 3 *infirmités. La* 1re *donnant*.. 60.
La 2e — .. 40 + 5 = 45.
La 3e — .. 30 + 5 = 35.

L'infirmité principale étant comptée 60, la validité restante sera de 100 moins 60, soit 40.

La deuxième infirmité étant portée à 40 + 5 = 45, le degré proportionnel de cette infirmité sera de : $\frac{40 \times 45}{100} = 18$ %.

L'invalidité augmente donc de : 60 + 18 = 78.

1. Les mentionner aux certificats, pour mémoire.

Et il reste comme validité : $100 - 78 = 22$.

La 3e infirmité donnera donc une invalidité égale au 35° vingt-deux centièmes de la validité restante ou : $\frac{35 \times 22}{100} = 7,70$, soit 7.

Si maintenant nous totalisons les pourcentages obtenus nous obtenons l'invalidité totale :

60 (1re Inf.) + 18. (2e Infirmité) + 7. (3e Infirmité) = 85 %.

7° Lorsque la totalisation des invalidités, calculée d'après les règles précédentes, n'arrive pas à donner un chiffre se terminant par 5 ou 0, on arrondit le chiffre de manière qu'il donne un multiple de 5 ; ainsi 83 sera porté à 85 ; 88 sera porté à 90.

Pour faciliter les calculs et afin d'éviter toute erreur possible, l'expert voudra bien faire usage de la table annexée à ce chapitre. Nous l'empruntons à la Circulaire ministérielle 723 Ci/7 C. C. M.

Cas à envisager. — Plusieurs cas sont à envisager :

1er Cas. — *Infirmités multiples dont aucune n'ouvre droit à la pension.*

On évalue par ordre de décroissance chaque infirmité en partant de la plus grave pour aller à la moins grave, selon les règles indiquées précédemment.

2e Cas. — *Toutes les infirmités donnent droit à la pension.*

Les lois ne permettent pas le cumul. Si la 1re infirmité est calculée d'après l'échelle de gravité de 1831, les autres infirmités seront évaluées d'après les guides-barèmes de 1915 et 1919. Exemple : Trépanation large et perte du pouce droit.

La trépanation large, c'est-à-dire supérieure à une pièce de 5 francs est évaluée d'après l'échelle de gravité de 1831 à 65 pour 100.

La perte du pouce d'après la même échelle de gravité donne 60 pour 100.

Mais d'après le guide-barème de 1919 cette même mutilation à droite est cotée 30 pour 100. c'est donc ce chiffre

30 pour 100 que l'expert choisira en second lieu en ajoutant la majoration plus 5. Cette question peut être autrement interprétée par le Conseil d'État.

3e Cas. — *Invalidités multiples dont toutes n'ouvrent pas droit à la pension permanente.*

S'il existe un ensemble d'infirmités dont les unes sont incurables et les autres curables ou améliorables, la plus grave des infirmités incurables bénéficiera de l'échelle de gravité de 1831 à condition que cette échelle favorise l'intéressé, les autres infirmités seront traitées en employant le Guide-Barème.

4e Cas. — *Surpension (Art. 12) ou complément de pension.* Dans le cas d'infirmités multiples dont la principale entraîne l'invalidité absolue, c'est-à-dire 100 pour 100, il est accordé en sus de la pension maxima un complément de pension allant de 100 à 1000.

10 %	d'invalidité	supplémentaire donne...		100	francs.
20 %	—	—	...	200	—
50 %	—	—	...	500	—
100 %	—	—	...	1000	—

Le calcul des infirmités supplémentaires se fait par addition. La somme des degrés d'invalidités est calculée en accordant à chacune des blessures supplémentaires la majoration + 5 pour la première, + 10 pour la seconde et ainsi de suite.

Comment lire la table-barème annexée à la circulaire 723 C. C. M. CI/7.

1° Chercher, dans la colonne marginale verticale, le chiffre correspondant à la première infirmité, celle la plus grave.

2° Lire, dans la colonne horizontale supérieure, le chiffre correspondant à la deuxième infirmité.

3° Lire, à l'intersection de ces deux colonnes dans le corps de la table, le chiffre placé au point d'intersection où ces colonnes se rencontrent, ce chiffre représente celui de l'invalidité globale.

Nous traduisons cette manière de procéder par l'expression suivante :

La table-barème se lit dans le sens d'un N renversé. On se conformera au schéma ci-dessous. Soit : trois infirmités : — 60 — 45 — 35.

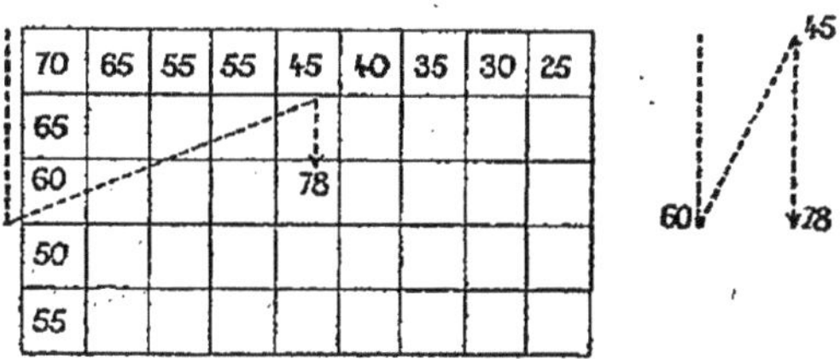

60 et 45 donnent 78.

Reporter 78 à la colonne verticale marginale, lire 35 à la colonne horizontale.

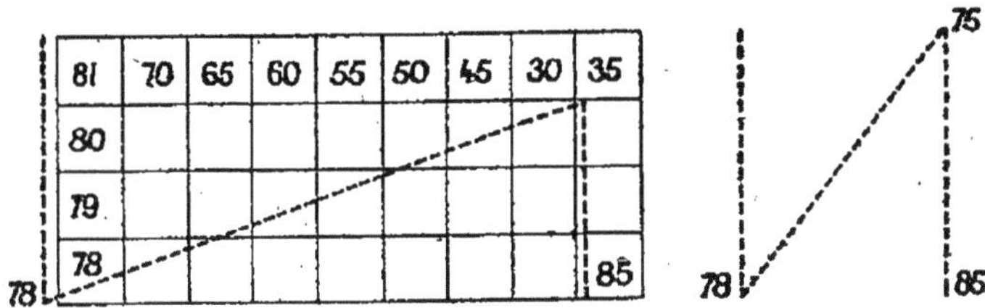

Ce qui donne 85 d'invalidité totale.

Infirmités multiples, maladies et blessures.

1° *Maladies*. — Il n'y a pas lieu de traiter comme infirmités multiples les localisations d'une même maladie, car en réalité ces localisations ne correspondent qu'aux symptômes associés d'une seule affection. Ainsi une tuberculose pulmonaire évoluant parallèlement à une tumeur blanche du genou ne permet de conclure qu'à une même infirmité, mais à un pourcentage plus élevé : la tuberculose.

Il y a unité d'infection ou de maladie et pluralité de localisations.

2° *Blessures*. — Un même membre ne pouvant perdre au

delà de sa fonction totale, plusieurs infirmités réunies sur ce membre ne sont comptées que comme infirmités simples; soit par exemple une paralysie radiale définitive droite et une ankylose réelle du coude droit, leur association ne donne qu'une seule infirmité : la perte de l'usage du membre supérieur droit.

Les blessures portant sur certaines régions anatomiques et principalement sur le crâne ou la colonne vertébrale sont susceptibles d'engendrer des infirmités multiples, soit : une trépanation suivie d'hémiplégie. La trépanation est une première infirmité, l'hémiplégie en est une seconde. Le crâne est en effet indépendant de son contenu, le cerveau.

Progression dans le mode d'évaluation des infirmités associées.

A. — La perte absolue de l'usage d'un membre, qui normalement est calculée à 65 pour 100, peut être portée à 75, mais dans les conditions où il y a effectivement (et à la lettre) perte absolue de l'usage de ce membre et sous la condition expresse qu'il y ait une ou plusieurs autres infirmités surajoutées sur d'autres points du corps.

B. — L'amputation d'un membre supérieur ou inférieur donne droit normalement à une invalidité de 80 pour 100, ce chiffre sera porté en cas seulement d'invalidités multiples à 85, lorsque l'amputation est au tiers supérieur du membre, et à 90 lorsqu'il y aura désarticulation à la racine du membre.

C. — Lorsqu'il y a impotence réelle absolue de deux membres et qu'à cette infirmité s'ajoutent des infirmités supplémentaires sur toute autre partie du corps, le pourcentage de la première infirmité, qui d'après l'échelle de gravité est de 80 pour 100, pourra être porté à 90 pour 100.

Nota bene. — Ces derniers paragraphes tirés de la Cir. 723 Ci/6 C. C. M. ont été remis de nouveau à l'étude au Conseil d'État. Nous recommandons donc aux experts de demander aux médecins-chefs des Centres de réforme quelle sera la décision du Conseil d'État.

TABLE-BARÈME

POUR LE CALCUL DU POURCENTAGE D'ENSEMBLE DE L'INVALIDITÉ EN CAS D'INFIRMITÉS MULTIPLES

Pour la lecture de cette Table se reporter aux pages 75 à 80.

Invalidités antérieures	INVALIDITÉ NOUVELLE																										Invalidités antérieures
	99	98	97	96	95	94	93	92	91	90	85	80	75	70	65	60	55	50	45	40	35	30	25	20	15	10	
99	99	99	99	99	99	99	99	99	99	99	99	99	99	99	99	99	99	99	99	99	99	99	99	99	99	99	**99**
98	99	99	99	99	99	99	99	99	99	99	99	99	99	99	99	99	99	99	98	98	98	98	98	98	98	98	**98**
97	99	99	99	99	99	99	99	99	99	99	99	99	99	99	98	98	98	98	98	98	98	97	97	97	97	97	**97**
96	99	99	99	99	99	99	99	99	99	99	99	99	99	98	98	98	98	98	97	97	97	97	97	96	96	96	**96**
95	99	99	99	99	99	99	99	99	99	99	99	99	98	98	98	98	97	97	97	97	96	96	96	96	95	95	**95**
94	99	99	99	99	99	99	99	99	99	99	99	98	98	98	97	97	97	97	96	96	96	95	95	95	94	94	**94**
93	99	99	99	99	99	99	99	99	99	99	98	98	98	97	97	97	96	96	96	95	95	95	94	94	94	93	**93**
92	99	99	99	99	99	99	99	99	99	99	98	98	98	97	97	96	96	96	95	95	94	94	94	93	93	92	**92**
91	99	99	99	99	99	99	99	99	99	99	98	98	97	97	96	96	95	95	95	94	94	93	93	92	92	91	**91**
90	99	99	99	99	99	99	99	99	99	99	98	98	97	97	96	96	95	95	94	94	93	93	92	92	91	91	**90**
89	99	99	99	99	99	99	99	99	99	98	98	97	97	96	96	95	95	94	93	93	92	92	91	91	90	90	**89**
88	99	99	99	99	99	99	99	99	98	98	98	97	97	96	95	95	94	94	93	92	92	91	91	90	89	89	**88**
87	99	99	99	99	99	99	99	98	98	98	98	97	96	96	95	94	94	93	92	92	91	90	90	89	88	88	**87**
86	99	99	99	99	99	99	99	98	98	98	97	97	96	95	95	94	93	93	92	91	90	90	89	88	88	87	**86**
85	99	99	99	99	99	99	98	98	98	98	97	97	96	95	94	94	93	92	91	91	90	89	88	88	87	86	**85**
84	99	99	99	99	99	99	98	98	98	98	97	96	96	95	94	93	92	92	91	90	89	88	88	87	86	85	**84**
83	99	99	99	99	99	98	98	98	98	98	97	96	95	94	94	93	92	91	90	89	88	88	87	86	85	84	**83**
82	99	99	99	99	99	98	98	98	98	98	97	96	95	94	93	92	91	91	90	89	88	87	86	85	84	83	**82**
81	99	99	99	99	99	98	98	98	98	98	97	96	95	94	93	92	91	90	89	88	87	86	85	84	83	82	**81**
80	99	99	99	99	99	98	98	98	98	98	97	96	95	94	93	92	91	90	89	88	87	86	85	84	83	82	**80**

Invalidités antérieures	INVALIDITÉ NOUVELLE																										Invalidités antérieures
	99	98	97	96	95	94	93	92	91	90	85	80	75	70	65	60	55	50	45	40	35	30	25	20	15	10	
79	99	99	99	99	98	98	98	98	98	97	96	95	94	93	92	91	90	89	88	87	86	85	84	83	82	81	79
78	99	99	99	99	98	98	98	98	98	97	96	95	94	93	92	91	90	89	87	86	85	84	83	82	81	80	78
77	99	99	99	99	98	98	98	98	97	97	96	95	94	93	91	90	89	88	87	86	85	83	82	81	80	79	77
76	99	99	99	99	98	98	98	98	97	97	96	95	94	92	91	90	89	88	86	85	84	83	82	80	79	78	76
75	99	99	99	99	98	98	98	98	97	97	96	95	93	92	91	90	88	87	86	85	83	82	81	80	78	77	75
74	99	99	99	98	98	98	98	97	97	97	96	94	93	92	90	89	88	87	85	84	83	81	80	79	77	76	74
73	99	99	99	98	98	98	98	97	97	97	95	94	93	91	90	89	87	86	85	83	82	81	79	78	77	75	73
72	99	99	99	98	98	98	98	97	97	97	95	94	93	91	90	88	87	86	84	83	81	80	79	77	76	74	72
71	99	99	99	98	98	98	97	97	97	97	95	94	92	91	89	88	86	85	84	82	81	79	78	76	75	73	71
70	99	99	99	98	98	98	97	97	97	97	95	94	92	91	89	88	86	85	83	82	80	79	77	76	74	73	70
69	99	99	99	98	98	98	97	97	97	96	95	93	92	90	89	87	86	84	82	81	79	78	76	75	73	72	69
68	99	99	99	98	98	98	97	97	97	96	95	93	92	90	88	87	85	84	82	80	79	77	76	74	72	71	68
67	99	99	99	98	98	98	97	97	97	96	95	93	91	90	88	86	85	83	81	80	78	76	75	73	71	70	67
66	99	99	98	98	98	97	97	97	96	96	94	93	91	89	88	86	84	83	81	79	77	76	74	72	71	69	66
65	99	99	98	98	98	97	97	97	96	96	94	93	91	89	87	86	84	82	80	79	77	75	73	72	70	68	65
64	99	99	98	98	98	97	97	97	96	96	94	92	91	89	87	85	83	82	80	78	76	74	73	71	69	67	64
63	99	99	98	98	98	97	97	97	96	96	94	92	90	88	87	85	83	81	79	77	75	74	72	70	68	66	63
62	99	99	98	98	98	97	97	96	96	96	94	92	90	88	86	84	82	81	79	77	75	73	71	69	67	65	62
61	99	99	98	98	98	97	97	96	96	96	94	92	90	88	86	84	82	80	78	76	74	72	70	68	66	64	61
60	99	99	98	98	98	97	97	96	96	96	94	92	90	88	86	84	82	80	78	76	74	72	70	68	66	64	60

Invalidités antérieures	INVALIDITÉ NOUVELLE																									Invalidités antérieures
	99	98	97	96	95	94	93	92	91	90	85	80	75	70	65	60	55	50	45	40	35	30	25	20	15	10	
59	99	99	98	98	97	97	97	96	96	95	93	91	89	87	85	83	81	79	77	75	73	71	69	67	65	63	**59**
58	99	99	98	98	97	97	97	96	96	95	93	91	89	87	85	83	81	79	76	74	72	70	68	66	64	62	**58**
57	99	99	98	98	97	97	96	96	96	95	93	91	89	87	84	82	80	78	76	74	72	69	67	65	63	61	**57**
56	99	99	98	98	97	97	96	96	96	95	93	91	89	86	84	82	80	78	75	73	71	69	67	64	62	60	**56**
55	99	99	98	98	97	97	96	96	95	95	93	91	88	86	84	82	79	77	75	73	70	68	66	64	61	59	**55**
54	99	99	98	98	97	97	96	96	95	95	93	90	88	86	83	81	79	77	74	72	70	67	65	63	60	58	**54**
53	99	99	98	98	97	97	96	96	95	95	92	90	88	85	83	81	78	76	74	71	69	67	64	62	60	57	**53**
52	99	99	98	98	97	97	96	96	95	95	92	90	88	85	83	80	78	76	73	71	68	66	64	61	59	56	**52**
51	99	99	98	98	97	97	96	96	95	95	92	90	87	85	82	80	77	75	73	70	68	65	63	60	58	55	**51**
50	99	99	98	98	97	97	96	96	95	95	92	90	87	85	82	80	77	75	72	70	67	65	62	60	57	55	**50**
49	99	98	98	97	97	96	96	95	95	94	92	89	87	84	82	79	77	74	71	69	66	64	61	59	56	54	**49**
48	99	98	98	97	97	96	96	95	95	94	92	89	87	84	81	79	76	74	71	68	66	63	61	58	55	53	**48**
47	99	98	98	97	97	96	96	95	95	94	92	89	86	84	81	78	76	73	70	68	65	62	60	57	54	52	**47**
46	99	98	98	97	97	96	96	95	95	94	91	89	86	83	81	78	75	73	70	67	64	62	59	56	54	51	**46**
45	99	98	98	97	97	96	96	95	95	94	91	89	86	83	80	78	75	72	69	67	64	61	58	56	53	50	**45**
44	99	98	98	97	97	96	96	95	94	94	91	88	86	83	80	77	74	72	69	66	63	60	58	55	52	49	**44**
43	99	98	98	97	97	96	96	95	94	94	91	88	85	82	80	77	74	71	68	65	62	60	57	54	51	48	**43**
42	99	98	98	97	97	96	95	95	94	94	91	88	85	82	79	76	73	71	68	65	62	59	56	53	50	47	**42**
41	99	98	98	97	97	96	95	95	94	94	91	88	85	82	79	76	73	70	67	64	61	58	55	52	49	46	**41**
40	99	98	98	97	97	96	95	95	94	94	91	88	85	82	79	76	73	70	67	64	61	58	55	52	49	46	**40**

Invalidités antérieures	INVALIDITÉ NOUVELLE																										Invalidités antérieures
	99	**98**	**97**	**96**	**95**	**94**	**93**	**92**	**91**	**90**	**85**	**80**	**75**	**70**	**65**	**60**	**55**	**50**	**45**	**40**	**35**	**30**	**25**	**20**	**15**	**10**	
39	99	98	98	97	96	96	95	95	94	93	90	87	84	81	78	75	72	69	66	63	60	57	54	51	48	45	**39**
38	99	98	98	97	96	96	95	95	94	93	90	87	84	81	78	75	72	69	65	62	59	56	53	50	47	44	**38**
37	99	98	98	97	96	96	95	94	94	93	90	87	84	81	77	74	71	68	65	62	59	55	52	49	46	43	**37**
36	99	98	98	97	96	96	95	94	94	93	90	87	84	80	77	74	71	68	64	61	58	55	52	48	45	42	**36**
35	99	98	98	97	96	96	95	94	94	93	90	87	83	80	77	74	70	67	64	61	57	54	51	48	44	41	**35**
34	99	98	98	97	96	96	95	94	94	93	90	86	83	80	76	73	70	67	63	60	57	53	50	47	43	40	**34**
33																											**33**
32	99	98	97	97	96	95	95	94	93	93	89	86	83	79	76	72	69	66	62	59	55	52	49	45	42	38	**32**
31	99	98	97	97	96	95	95	94	93	93	89	86	82	79	75	72	68	65	62	58	55	51	48	44	41	37	**31**
30	99	98	97	97	96	95	95	94	93	93	89	86	82	79	75	72	68	65	61	58	54	51	47	44	40	37	**30**
29																											**29**
28	99	98	97	97	96	95	94	94	93	92	89	85	82	78	74	71	67	64	60	56	53	49	46	42	38	35	**28**
27	99	98	97	97	96	95	94	94	93	92	89	85	81	78	74	70	67	63	59	56	52	48	45	41	37	34	**27**
26																											**26**
25	99	98	97	97	96	95	94	94	93	92	88	85	81	77	73	70	66	62	58	55	51	47	43	40	36	32	**25**
24																											**24**
23	99	98	97	96	96	95	94	93	93	92	88	84	80	76	73	69	65	61	57	53	49	46	42	38	34	30	**23**
22																											**22**
21																											**21**
20	99	98	97	96	96	95	94	93	92	92	88	84	80	76	72	68	64	60	56	52	48	44	40	36	32	28	**20**

Invalidités antérieures	INVALIDITÉ NOUVELLE																										Invalidités antérieures
	99	98	97	96	95	94	93	92	91	90	85	80	75	70	65	60	55	50	45	40	35	30	25	20	15	10	
19	99	98	97	96	95	95	94	93	92	91	87	83	79	75	71	67	63	59	55	51	47	43	39	35	31	27	19
18																											18
17																											17
16																											16
15	99	98	97	96	95	94	94	93	92	91	87	83	78	74	70	66	61	57	53	49	44	40	36	32	27	23	15
14																											14
13																											13
12																											12
11																											11
10	99	98	97	96	95	94	93	92	91	91	86	82	77	73	68	64	59	55	50	46	41	37	32	28	23	19	10

BARÈMES DE 1915 ET DE 1919

Dans les Barèmes qui suivent, figure à titre d'indication l'Échelle de Gravité, de telle sorte que le lecteur puisse le cas échéant se reporter aux numéros de cette échelle, qui renvoient aux explications du tableau comparatif.

1. Dans ces Barèmes, la lettre **N** indique qu'aucun pourcentage n'a été prévu comme degré d'invalidité.

2. Toutes les cotations numériques représentent des pourcentages : **1** à **4** = **1** % à 4 %.

3. D = droit. G = gauche. A = actif. P = passif.

ÉVALUATIONS DES GUIDES-BAREMES

(Extrait de l'annexe au Décret du 29 Mai 1919 pour l'application de la loi du 31 Mars 1919.)

DEGRÉ D'INVALIDITÉ

Le Guide-Barème donne, dans la mesure du possible, les indications nécessaires pour évaluer l'état d'invalidité, résultant des blessures, accidents ou maladies.

Les évaluations prévues représentent l'invalidité, considérée en soi absolu, indépendamment de toute contingence professionnelle ou sociale.

Elles sont fixées de 10 *à* 100 *pour* 100. *Ce dernier chiffre correspond à l'invalidité totale.*

Les chiffres arrêtés concernent les types d'infirmités répondant aux libellés du texte. Mais comme, pour une même infirmité, tous les cas d'espèce ne sont pas toujours superposables, les variations de chacun d'eux donneront lieu à des modifications correspondantes dans la fixation des degrés d'invalidité.

N. B. — **Lorsque le lecteur se reportera, à l'aide des renvois des Guides-Barèmes, au 1er tableau comparatif entre l'Échelle de Gravité de 1831 et ces Guides-Barèmes, il ne devra pas perdre de vue que les chiffres des colonnes 1915 et 1919, de la page 52 à 74, représentent les pourcentages minima et maxima donnés pour mémoire.**

BARÈMES

A) MEMBRE SUPÉRIEUR

Doigts	1919 D.	1919 G.	1915 D. (A)	1915 G. (P)	1831
	Pour 100.				
Pouce, Raideurs :					
Articulation inter-phalangienne	1 à 4	0 à 3	N	N	N
Articulation métacarpo-phalangienne	1 à 3	0 à 1	5 à 10	2 à 10	
Articulation inter-phalangienne et métacarpo-phalangienne	4 à 8	3 à 6			

La mesure de la limitation des mouvements des doigts est basée sur la connaissance du fait suivant : on sait que la pulpe digitale s'applique sur le pli médian transversal de la paume quand la main est bien fermée. Il suffit donc de mesurer avec un double décimètre la distance du pli à la pointe de l'ongle dans les deux positions de flexion et d'extension maxima.

	1919 D.	1919 G.	1915 D. (A)	1915 G. (P)	1831
Index :					
Articulation métacarpo-phalangienne	1 à 2	0	5	5	
1re ou 2e articulation inter-phalangienne	1 à 5	0 à 4	N	N	
Toutes les articulations (index raide)	5 à 10	4 à 8	5 à 10	0 à 10	
Médius, annulaire :					
Une seule articulation	0 à 2	0	N	N	
Toutes les articulations	5 à 8	4 à 6	3 à 10	2 à 5	
			annulaire G.	3 à 5	
Auriculaire :					
Une seule articulation	0 à 1	0	N	N	N
Toutes les articulations	2 à 5	0 à 4	2 à 5	2 à 3	

Les quatre doigts et le pouce libre. — Suivant que la gêne fonctionnelle intéresse :

	1919 D.	1919 G.	1915 D. (A)	1915 G. (P)	1831
a) L'extension	10 à 15	8 à 12	N	N	
b) La flexion	20 à 30	15 à 20			

Les quatre doigts et le pouce. — Suivant que la gêne fonctionnelle intéresse :

	1919 D.	1919 G.	1915 D. (A)	1915 G. (P)	1831
a) L'extension	10 à 20	8 à 15	40	30	
b) La flexion	30 à 40	20 à 30			

ANKYLOSES COMPLÈTES

Deux classes.

1° Ankyloses osseuses, vérifiées par la radiographie ;
2° Ankyloses fibreuses, très serrées, ne permettant aucun mouvement utile après tentatives de mobilisation.

	1919 D.	1919 G.	1915 D. (A)	1915 G. (P)	1831
Pouce :					
Articulation carpo-métacarpienne	20	15	20	15	
Articulation métacarpo-phalangienne	10	8	10	8	N
Articulation inter-phalangienne	5	4	7	5	
Articulations métacarpo-phalangienne et inter-phalangienne	15	12	20	15	
Toutes les articulations :					
a) Pouce en extension	30	25	N	N	
b) Pouce en flexion modérée	25	20	N	N	
Index :					
Articulation métacarpo-phalangienne	5	4	8	6	
Articulation de la 1re et de la 2e phalange	10	8	10	7	
Articulation de la 2e et de la 3e phalange	3	1	5	2	N
Les deux dernières articulations	10	8	15	10	
Les trois articulations	15	12	20	15	

	1919		1915		1831
	D.	G.	D. (A)	G. (P).	
	Pour 100.				
Médius :					
Articulation métacarpo-phalangienne	3	1	7	5	
Articulation de la 1re et de la 2e phalange	7	5	4	3	N
Articulation de la 2e et de la 3e phalange	2	0	3	2	
Les deux dernières articulations	10	8	10	5	
Les trois articulations	15	12	15	10	
Annulaire :					
Articulation métacarpo-phalangienne	2	0	6	4	
Articulation de la 1re et de la 2e phalange	5	4	4	3	N
Articulation de la 2e et de la 3e phalange	1	0	2	1	
Les deux dernières articulations	10	8	10	5	
Les trois articulations	12	9	12	8	
Auriculaire :					
Articulation métacarpo-phalangienne	1	0	4	3	
Articulation de la 1re et de la 2e phalange	3	1	2	2	N
Articulation de la 2e et de la 3e phalange	1	0	2	1	
Les deux dernières articulations	5	3	6	5	
Les trois articulations	12	9	8	6	
GÊNE FONCTIONNELLE DES DOIGTS RÉSULTANT DE LÉSIONS AUTRES QUE LES LÉSIONS ARTICULAIRES : SECTION OU PERTE DE SUBSTANCE DES TENDONS EXTENSEURS OU FLÉCHISSEURS. ADHÉRENCES ; CICATRICES.					
Flexion permanente d'un doigt.					
Pouce	10 à 25	8 à 20	8	5	N
Index	5 à 15	4 à 12	5	4	
Médius	5 à 15	4 à 12	3	2	
Annulaire	5 à 12	4 à 9	1 à 2	1	N
Auriculaire	5 à 12	4 à 9	1 à 2	1	
Extension permanente d'un doigt.					
Pouce	15 à 25	12 à 20	10	8	
Index	10 à 15	8 à 12	8	6	N
Médius	5 à 15	4 à 12	5	4	
Annulaire	5 à 12	4 à 9	4	3	
Auriculaire	5 à 12	4 à 9	4	3	
Impotence totale définitive de préhension de la main.					
1° Par flexion ou extension permanente de tous les doigts, y compris le pouce (avec ou sans ankylose proprement dite)	60	45	40 à 60	30 à 50	Voir n° 43, p. 67.
2° Par flexion ou extension permanente de trois doigts, avec raideur des autres, atrophie de la main et de l'avant-bras, raideur du poignet	60	45	40 à 60	30 à 50	Voir n° 63, p. 73.
PSEUDARTHROSE DES DOIGTS					
Pseudarthrose ballante, avec large perte de substance osseuse.					
Phalange unguéale :					
Pouce	5	4	5	3	N
Autres doigts	1 à 2	0	2 Index. 4	1 2	
Autres phalanges :					
Pouce	15	12	15	10	N
Index	10	8	10	8	
Autres doigts	5	4	5	3	
LUXATIONS IRRÉDUITES ET IRRÉDUCTIBLES					
Pouce :					
Phalangette	5	4			
Métacarpo-phalangienne (suivant la mobilité restaurée)	10 à 25	8 à 20	N	N	Voir 6e cl., n° 62, p. 73.
Lors de cicatrices adhérentes de la paume et de raideur des autres doigts	30 à 40	20 à 30			

	1919		1915		1831
	D.	G.	D. (A)	G. (P)	
	Pour 100				
Doigts :					
Phalangette	2 à 3	0 à 1	N	N	
Phalangine et phalange (suivant la mobilité restaurée)	5 à 15	4 à 12			
Amputation ou désarticulation.					
Ablation isolée du pouce ou d'un doigt, partielle ou totale.					
Pouce :					
Phalange unguéale	10	8	10	5 à 10	
Les deux phalanges	30	20	20	15	Voir 6e cl., n° 64, p. 73.
Les deux phalanges et le 1er métacarpien	35	25	30	25	
Index :					
Phalange unguéale	5	4	5	5	
Deux phalanges	10	8	12	10	
Les trois phalanges	15	12	15	12	
Médius, annulaire, auriculaire :					
Phalange unguéale	1	0	2	1	
Deux phalanges	5	4	5	3	
Trois phalanges	10	8	10	5	
Ablation de plusieurs doigts					
Ablation de deux doigts, avec les métacarpiens correspondants :					
Index et un autre doigt	35	25	40	30	Voir 6e cl., n° 65, p. 74.
Deux doigts autres que l'index	20	15	20 à 30	10 à 20	
(Lors de mobilité conservée du pouce et des autres doigts.)			Pouce et index 40	30	
Ablation de deux doigts, avec ou sans les métacarpiens correspondants lors de raideur très prononcée du pouce et des autres doigts et d'atrophie de la main	50	40	N	N	Id.
Ablation de trois doigts, avec les métacarpiens correspondants :					
Index et deux autres doigts	50	40	50	40	Voir 5e cl., n° 45, p. 68.
Médius, annulaire, auriculaire (suivant l'état de mobilité du pouce et de l'index)	40 à 50	30 à 40	30	20	
Lors d'immobilisation du pouce et du doigt restant	60	45	N	N	
Ablation des trois doigts, sans les métacarpiens correspondants :					
Index et deux autres doigts (lors de mobilité conservée du pouce et du doigt restant)	40	30	35	30	
Médius, annulaire, auriculaire, (lors de mobilité conservée du pouce et du doigt restant)	30	20	35	30	Comparer avec les nos 45 et 65 de l'échelle de gravité.
Lors d'immobilisation du pouce et du doigt restant	60	45	N	N	
Ablation de la phalangette du pouce et des deux dernières phalanges de l'index : avec mobilité complète des moignons	20	15	20	10	
Sans mobilité des moignons	30	20	30	20	
Ablation totale du pouce et de l'index; si les autres doigts sont assez mobiles pour faire préhension avec la paume	45	35	N	N	
Si les autres doigts sont déviés ou de mobilité plus ou moins incomplète	50 à 60	40 à 45	N	N	Voir n° 44, p. 67.
Ablation totale du pouce et de trois ou de deux doigts autres que l'index	50 à 60	40 à 45	40	30	
Ablation de quatre doigts, le pouce restant et mobile	45	35	55	45	Voir n° 45, p. 68.
Lors d'immobilisation du pouce restant	60	45	Tous les doigts des deux mains à l'exception d'un seul. . . 100		
Ablation simultanée aux deux mains, des pouces et de tous les doigts	90		100		
Des pouces et de tous les doigts, à l'exception d'un seul	85		100		
Des pouces et de trois ou quatre doigts	85		80		
Des deux pouces	60		50		
Des deux pouces et des deux index	80		80		
Des deux pouces et de trois ou quatre autres doigts que les index	70		Deux pouces et un index et un médius. 70		
(Pour les ablations partielles et simultanées de deux doigts à la même main, additionner les évaluations indiquées plus haut.)					

	1919		1915		1831
	D.	G.	D. (A)	G. (P)	
	Pour 100				
Main					
Métacarpe					
Cal difforme, saillant, gêne motrice des doigts correspondants. . . .	5 à 15	4 à 12	5 à 15	0 à 5	N
Fractures avec perte de substance osseuse sur l'un ou l'autre bord de la main; déviation secondaire de la main; écartement ou gêne motrice importante des doigts.	10 à 20	8 à 15	N	N	
LUXATIONS DU MÉTACARPE					
Des deux derniers métacarpiens	15 à 20	12 à 15	40	30	Voir n° 61, p. 73.
De tous les métacarpiens.	30 à 40	20 à 30	60	50	
(Suivant la gêne fonctionnelle des doigts et du poignet.)					
Perte totale de la main :					
Par **désarticulation** du poignet ou **amputation** très basse de l'avant-bras.			70	70	Voir 3e cl., p. 52.
Par **amputation** atypique intra-carpienne					
Par désarticulation des 5 métacarpiens					
Par amputation intra-métacarpienne					
Par ablation du pouce et des quatre doigts	65	55			
Perte des deux mains.	100		100		
Poignet :					
a) Les mouvements de flexion et d'extension varient entre 95° et 130°.					
b) Les mouvements de pronation et de supination embrassent un angle total de 180°.					
FRACTURES (Voir ci-après).					
RAIDEURS ARTICULAIRES ET ANKYLOSES PARTIELLES					
Raideurs de l'extension et de la flexion.	5 à 8	4 à 6	8	5	N
Raideurs de la pronation et de la supination.	5 à 10	4 à 8	10	8	N
Raideurs combinées.	10 à 20	8 à 15	20 à 30	10 à 20	
ANKYLOSES COMPLÈTES					
a) En extension et demi-pronation, pouce en dessus, pouce et doigts mobiles.	20	15	20	10	Comparer avec le n° 60 de l'échelle de gravité, p. 72.
b) En extension et pronation complète, doigts mobiles.	25	20	40	30	
c) En extension et pronation complète, doigts raidis.	40	30	N	N	
d) En extension et supination, suivant le degré de mobilité des doigts	40 à 50	30 à 40	50	40	
e) En flexion et pronation, suivant le degré de mobilité des doigts. . .	45 à 60	35 à 45	N	N	
f) En flexion et supination, doigts mobiles.	50	40 à 50	40 à 50	30 à 40	
g) En flexion et supination, doigts ankylosés (perte de l'usage de la main).	60	45	N	N	
PSEUDARTHROSE (poignet ballant)					
A la suite des larges résections ou des grandes pertes de substance traumatique du carpe	40	30	20	10	Voir n° 41, p. 65.
MAIN BOTTE, RADIALE OU CUBITALE					
Consécutive à une large perte de substance d'un des os de l'avant-bras, suivant le degré de la déviation latérale et la gêne apportée à la mobilité des doigts	20 à 40	15 à 30	S'associe le plus souvent aux autres lésions du poignet.		N
Avant-bras.					
FRACTURES (Voir ci-après).					
a) Inflexion latérale ou antéro-postérieure des deux os avec gêne consécutive des mouvements de la main.	5 à 15	4 à 12	10	5	
b) Limitation des mouvements de torsion (pronation et supination) :					N
Pronation conservée, supination abolie	5 à 10	4 à 8	10	5	
Pronation abolie, supination conservée	10 à 15	8 à 12	20 à 30	10 à 20	

	1919		1915		1831
	D.	G.	D. (A)	G. (P)	
	Pour 100.				
c) Suppression des mouvements de torsion avec immobilisation :					
En demi-pronation, pouce en dessus	15	12	N	N	
En pronation complète	25	20	40	30	
En supination	35	25	50	40	
PSEUDARTHROSE (curabilité opératoire, sinon.)					
a) Des deux os :					
Serrée	10	8	30	20	Voir n° 41 de l'échelle de gr. p. 65.
Lâche (avant-bras ballant)	40	30	40	30	
b) D'un seul os :					
Serrée	0 à 5	4	10	10	
Lâche	5 à 10	8	20	15	
Amputation de l'avant-bras	65	55	70	70	Voir 3e cl., p. 52.
Coude.					
L'amplitude en degrés des mouvements de flexion et d'extension du coude s'effectue :					
a) Pour la flexion depuis 180° (extension complète) jusqu'à 30° (flexion complète.					
b) Pour l'extension depuis 30° (flexion complète) jusqu'à 180° (extension complète).					
Amplitude des mouvements de torsion. (Voir poignet.)					
FRACTURES (Voir ci-après).					
RAIDEURS ARTICULAIRES					
a) Lorsque la partie du mouvement conservé évolue dans la position favorable :					
a') Flexion active entre 110° et 75°	10	8	10	10	N
a'') Flexion active entre 75° et la flexion complète	20	15	20	15	
b) Lorsque la partie du mouvement conservé évolue dans la position défavorable :					
Extension active de 110° à 180°	30	25	50	40	N
c) Mouvement de torsion (Voir avant-bras)					
ANKYLOSES COMPLÈTES					
Ce terme vise l'abolition des mouvements de flexion, d'extension, de pronation et de supination.	Voir p. 37.				
La position d'ankylose du coude est dite « en flexion », de 110° à 30° ; elle est dite « en extension », de 110° à 180°.					
a) Position favorable :					
a') En flexion entre 110° et 75°	35	25	30	20	Voir n° 42, p. 67. et 60 p. 2.
a'') En flexion à angle aigu à 45°	40 à 45	30 à 40	40	30	
b) Position défavorable :					
En extension entre 110° et 180°	50	45	60	50	
ANKYLOSES INCOMPLÈTES (huméro-cubitale complète avec conservation des mouvements de torsion).					
a) Position favorable :					
a') En flexion entre 110° et 75°	25	20	N	N	
a'') En flexion à angle aigu à 45°	30	25		N	N
b) Position défavorable :					
En extension entre 110° et 180°	45	35		N	
FRACTURE DE L'OLÉCRANE					
a) Cal osseux ou fibreux court, bonne extension, flexion peu limitée	5	4	N		
b) Cal fibreux long, extension active complète, mais faible, flexion peu limitée	10	8	10	5	N
e) Cal fibreux long, extension active presque nulle, atrophie notable du triceps	20	15	20	10	

	1919		1915		1831
	D.	G.	D. (A)	G. (P)	
	Pour 100.				
PSEUDARTHROSE					
Consécutive à de larges pertes de substance osseuse ou à des résections étendues du coude :					
a) Coude mobile en tous sens, extension active nulle	30 à 40	25 à 30	N	N	Voir n° 41, p. 65.
b) Coude ballant	50	40	50	40	
Désarticulation du coude	70	60	70	70	Voir 3e cl., p. 52.
Bras.					
FRACTURES (Voir ci-après).					
Consolidation avec déformation et atrophie musculaire Le cal vicieux rentre dans ce cas.	10 à 30	8 à 25	10 à 20	5 à 10	Voir n° 58, p. 72.
PSEUDARTHROSE					
Curabilité opératoire; sinon :					
a) Au niveau de la partie moyenne du bras	40	30	40	30	
b) Au voisinage de l'épaule ou du coude	50	40	50	40	Voir n° 41, p. 65.
Amputation du bras	75	65	70	70	Voir 3e cl., p. 52.
Épaule.					
FRACTURES (Voir ci-après).					
RAIDEURS ARTICULAIRES					
Portent principalement sur la propulsion et l'abduction	10 à 30	8 à 25	10 à 35	10 à 20	
ANKYLOSES COMPLÈTES					
a) Avec mobilité de l'omoplate	35	25	40	30	Voir n° 42, p. 67.
b) Avec fixation de l'omoplate	45	35	50	40	
			Lorsque périarthrite douloureuse, augmenter de 10 pour le barème de 1915.		
PÉRIARTHRITE CHRONIQUE DOULOUREUSE					
a) Suivant le degré de limitation des mouvements	5 à 25	4 à 20	N	N	
b) Avec abolition des mouvements et atrophie marquée	35	25			
PSEUDARTHROSE					
Consécutive à des résections larges ou à des pertes de substance osseuse étendues (épaule ballante)	60	45	50	40	Voir n° 41, p. 65.
Luxation récidivante de l'épaule	10 à 30	8 à 25	40	30	
Désarticulation de l'épaule	80	70	80	80	
Amputation interscapulothoracique	85	75	N	N	Voir 3e cl., p. 52.
Perte des deux membres supérieurs quel qu'en soit le niveau.	100		100		
Clavicule.					
FRACTURES (Voir ci-après).					
a) Fracture bien consolidée, cal plus ou moins saillant, raideurs de l'épaule	5 à 15	4 à 12	1 à 5	1 à 2	
b) Fracture double, cals saillants, raideurs des épaules	10 à 30	8 à 25	10 à 20		N
c) Cal difforme, avec compressions nerveuses (curabilité opératoire), sinon (Voir chap. Nerfs)					
d) Luxation non réduite :					
Externe	0 à 5	0 à 4	N	N	
Interne	0 à 10	0 à 8	N	N	
e) Pseudarthrose	N	N	10 à 20	5 à 10	
Muscles.					
a) Perte de substance musculaire, suivant qu'elle intéresse un ou plusieurs muscles, avec adhérences étendues à la peau ou aux plans profonds.	Voir raideurs et ankyloses.				
b) Rupture complète ou partielle d'un muscle			10 à 20	5 à 10	
c) Rupture complète ou partielle d'un tendon.					

	1919		1915		1831
	D.	G.	D. (A)	G. (P)	
	Pour 100.				
Amyotrophie d'origine articulaire sans persistance d'ankylose partielle ou totale :					
Atrophie des muscles de l'épaule	10 à 15	8 à 12	5 à 20	5 à 10	N
Atrophie des muscles du bras et de l'avant-bras	5 à 15	4 à 12	5 à 30	5 à 20	
Atrophie des muscles de la main	5 à 10	4 à 8	5 à 10	0 à 5	
Nerfs.					
Névrites avec algies lorsquelles sont persistantes, suivant leur siège et leur gravité (troubles vaso-moteurs, sécrétoires, trophiques, réflexes)	10 à 50	8 à 40	N	N	N
Névrite traumatique d'un nerf periphérique, de cause externe :					
a) Locale (Voir nerfs respectifs);					
b) A forme ascendante (Voir nerfs respectifs).					
Polynévrites toxiques ou infectieuses (Voir nerfs respectifs et maladies exotiques).					
Paralysie.					
PARALYSIES COMPLÈTES (1) PAR LÉSIONS DES NERFS PÉRIPHÉRIQUES					
Paralysie totale du membre supérieur	70	55	70	60	Voir n° 41, p. 66.
Paralysie du type radiculaire supérieur Duchenne-Erb	40	30	20	10	
Radiculaire du type inférieur Klumpke	60	45	30	20	
Isolée du nerf sous-scapulaire	10	8	15	10	
Du nerf circonflexe	20	15	20	10	

1. En cas de paralysie incomplète, les taux fixés ci-dessus seront abaissés et rationnellement calculés d'après le degré de gêne fonctionnelle.

	1919 D.	1919 G.	1915 D. (A)	1915 G. (P)	1831
Du nerf musculo-cutané	30	25	50	40	Voir n° 56, p. 7
Du nerf médian	45	35	20 à 50	10 à 40	
Du nerf médian avec « causalgie »	80	80	N	N	
Du nerf cubital :					
Si le nerf est lésé au niveau du coude	30	25	50	40	
— à la main	20	15	10 à 15	10	
Du nerf radial :					
a) Si le nerf est lésé au-dessus de la branche du triceps	50	40	60	50	
b) Si le nerf est lésé au-dessous de la branche du triceps	40	30			

B) MEMBRE INFÉRIEUR

	1919	1915	1831
Les deux membres inférieurs sont considérés comme ayant une utilité fonctionnelle équivalente.			
Orteils.			
FRACTURES (V. ci-après).			
Raideurs articulaires	0 à 5	N	N
ANKYLOSES COMPLÈTES			
Gros orteil.			
a) En mauvaise position d'hyperextension ou de flexion	10 à 15	15 à 20	Voir n° 62, p. 7
b) En bonne position, c'est-à-dire en rectitude, dans le prolongement du pied	5	8 à 10	
Autres orteils.			
a) En position défavorable (hyperextension, flexion, chevauchement sur les voisins)	0 à 15	7 à 15	N
b) En position rectiligne et favorable	0 à 5	3	
b') En ce qui concerne les ankyloses en mauvaise position (hyperextension), lors d'orteils gênants et douloureux, l'ablation est tout indiquée et bénigne.			

	1919	1915	1831
	D. F. Pour 100.	D. (A) G. (P)	
AMPUTATION ET DÉSARTICULATION			
Gros orteil :			
Une phalange	2	5	
Deux phalanges	5	10	
Deux phalanges et métatarsien	20	15 à 20	Voir n° 66, p. 74.
Ablation isolée :			
Autres orteils	0	3 à 5	
Ablation simultanée :			
Gros orteil et deuxième	7		
Gros orteil, deuxième et troisième	8	N	N
Deuxième, troisième et quatrième	4		
Trois derniers	5		
Tous les orteils, suivant l'état des cicatrices	20 à 30	30	Voir n° 66, p. 74.
Métatarse.			
AMPUTATION ET DÉSARTICULATION			
Un métatarsien	5	5 à 10	
Les deux premiers	20	20	Voir n° 66, p. 74.
Les trois derniers	25	25	
Tous les métatarsiens (Lisfranc)	30	30	Voir n° 8, p. 55.
Tarse.			
Fracture ou luxation des métatarsiens et du tarse ou fracture et luxations combinées (V. ci-après) :			
a) Plante du pied affaissée et douloureuse	10 à 20	15 à 30	N
b) Déviation du pied, en dedans ou en dehors; rotation (pied bot traumatique)	20 à 30		
c) Pied bot traumatique, avec déformation considérable et fixe; immobilité des orteils, atrophie de la jambe (impotence du pied)	30 à 50	15 à 30	Voir n° 42, p. 67, 60 et 61; p. 73.
DÉSARTICULATIONS OU AMPUTATIONS			
Médio-tarsienne (Chopart) :			
a) Bonne attitude et mobilité suffisante du moignon	35	30	Voir n° 8, p. 53. et 5° cl., p. 52.
b) Mauvaise attitude par bascule du moignon avec marche sur l'extrémité du moignon	40	30 à 60	
Sous-astragalienne (Pirogoff, Ricard).			
Amputation atypique intratarsienne	45	40	
Pied.			
ARTICULATION TIBIO-TARSIENNE			
Les mouvements de flexion et d'extension de l'articulation tibio-tarsienne ont une égale amplitude équivalente à 40 degrés environ dans chaque sens autour de l'angle droit.			
RAIDEURS ARTICULAIRES			
a) Avec angle de mobilité favorable, le pied conservant des mouvements qui oscillent de 15 degrés autour de l'angle droit	0 à 10	0 à 10	N
b) Avec angle de mobilité défavorable (pied talus ou équin)	10 à 30	10 à 30	
ANKYLOSES COMPLÈTES			
a) A angle droit, sans déformation du pied et avec mobilité suffisante des orteils	10	15 à 20	Voir n° 42, p. 67, et 60 p. 72 et 73.
b) A angle droit, avec déformation ou atrophie du pied et gêne des mouvements des orteils	20 à 30	N	
c) En attitude vicieuse du pied	30 à 45	30 à 50	
Désarticulatian tibio-tarsienne (Syme, Guyon)	50	60	Voir n° 8, p. 55.
Amputation des deux pieds	80	100	Voir 2° cl., p. 52.

	1919	1915	1831
	D. G. Pour 100.	D. (A) G. (P)	
Jambe.			
FRACTURES (V. ci-après). — RAIDEURS ARTICULAIRES.			
Voir genou, pied.			
CALS VICIEUX			
A) *Consécutifs à des fractures malléolaires.*			
a) Déplacement du pied en dedans :			
Plante du pied tendant à regarder le pied sain, la marche et la station debout se faisant sur le bord externe du pied.	20 à 40	Malléole externe, 25. Avec renversement du pied en dedans, 30.	Voir nº 42, p. 67, 60, p. 72 et 61, p. 75.
b) Déplacement du pied en dehors :			
Plante du pied basculant et regardant en dehors, la marche et la station debout s'effectuant sur la partie interne de la plante du pied, voire sur le bord interne.	20 à 45	Malléole interne, 10 à 20. Avec pied basculant en dehors, 40 à 50.	
B) *Consécutifs à des fractures de la diaphyse.*			
a) Consolidation rectiligne, avec raccourcissement de 3 à 4 centimètres, gros cal saillant, atrophie plus ou moins accusée	15 à 25	N	
b) Consolidation angulaire, avec déviation de la jambe en dehors ou en dedans, déviation secondaire du pied, raccourcissement de plus de 4 centimètres ; marche possible	30 à 40	40	Voir nº 58, p. 72.
c) Consolidation angulaire, ou raccourcissement considérable, marche impossible.	60	Avec flexion du genou, 50.	Voir nº 41, p. 65.
C) *Consécutifs à des fractures de l'extrémité supérieure.*			
Forte déviation angulaire, en avant ou latérale	30 à 40	N	N
PSEUDARTHROSE DES DEUX OS			
Curabilité opératoire, sinon.	60	60	Voir nº 41. p. 65
Amputation de la jambe.	55	60	Voir 3ᵉ cl., p. 52
Rotule.			
FRACTURES			
a) Cal osseux ou fibreux court, bonne extension, flexion peu limitée.	10	10	
b) Cal fibreux long, extension active complète, mais faible, flexion peu limitée.	20	20 pseudarthrose 30 à 40	N
c) Cal fibreux, long, extension active, presque nulle, atrophie notable de la cuisse	40	40 à 50	
ABLATION DE LA ROTULE (patellectomie).			
a) Avec genou libre, atrophie notable du biceps et extension insuffisante.	30 à 40	N	N
b) Combinée à des raideurs du genou (voir ci-dessous).			
Genou.			
L'amplitude en degrés des mouvements de flexion et d'extension du genou s'effectue :			
a) Pour la flexion :			
Depuis 180° (extension complète) jusqu'à 30° environ (flexion complète).			
b) Pour l'extension :			
Depuis 30° environ (flexion complète) jusqu'à 180° (extension complète).			
FRACTURES (V. ci-après).			
Raideurs articulaires	5 à 30	10 à 30	
ANKYLOSES COMPLÈTES			
La position d'ankylose du genou est dite en extension de 180° à 135°. Elle est dite en flexion de 135° jusqu'à 30°.			

	1919	1915	1831
	D. G.	D. (A) G. (P)	
	Pour 100.		
a) Position favorable :			
En extension complète à 180° ou presque complète jusqu'à 135°. . . .	35	30 à 40	Voir n° 42 et 60, p. 67 et 72.
b) Position défavorable :			
En flexion, c'est-à-dire à partir de 135° jusqu'à 30°	60	60	
HYDARTHROSE			
Hydarthrose chronique à poussées récidivantes, avec amyotrophie marquée.	10 à 30	10 à 20	N
Hydarthrose chronique double volumineuse avec amyotrophie bilatérale	30 à 40	N	
FRACTURES			
a) De l'extrémité inférieure du fémur ; *b*) De l'extrémité supérieure du tibia ; *c*) Combinées.	Voir raideurs et ankyloses.	Voir raideurs et ankyloses.	N
CALS VICIEUX			
a) Déterminant, après ankylose en extension, le *genu valgum*, où la jambe s'incline en dehors.	50	50	Voir n°s 58 et 60, p. 72.
b) Déterminant, après ankylose en extension, le *genu varum*, où la jambe s'incline en dedans	50	50	
PSEUDARTHROSE			
Consécutive à une résection du genou :			
a) Si le raccourcissement ne dépasse pas 6 centimètres et si le genou n'est pas ballant	50	50	
b) Genou ballant	60	60	Voir n° 41, p. 65.
Désarticulation	60		Voir 3e cl., p. 52.
Cuisse.			
FRACTURES (V. ci-après).			
a) Extrémité inférieure du fémur (V. genou).			
b) Diaphyse :			
b') Raccourcissement de 1 à 4 centimètres, sans lésions articulaires ni atrophie musculaire.	5 à 10	10 à 20	
b'') Raccourcissement de 3 à 6 centimètres, avec atrophie musculaire moyenne, sans raideurs articulaires	20	20 à 40	Voir n° 41, p. 65. et 58, p. 72.
b''') Raccourcissement de 3 à 6 centimètres, avec raideurs articulaires accusées	30	20 à 40	
b'''') Raccourcissement de 6 à 12 centimètres avec atrophie musculaire moyenne, raideurs articulaires.	30 à 50	N	
b''''') Raccourcissement de 6 à 12 centimètres, avec déviation angulaire externe, atrophie musculaire très accusée et la flexion du genou ne dépassant pas 135°	60	50 60	
c) Tiers supérieur, région trochantérienne et col :			
Raccourcissement de plus de 10 centimètres, déviation angulaire externe, raideurs de la hanche.	60 à 65	70[1] région du col.	Voir n° 41, p. 65.
CAL VICIEUX			
Consolidant en crosse une fracture sous-trochantérienne et accompagné de grand raccourcissement et de douleurs.	70	70	
PSEUDARTHROSE			
Curabilité opératoire, sinon	60	60	Voir n° 41, p. 65.
AMPUTATION			
a) Sous-trochantérienne	80	70	
b) A un niveau inférieur	65	60	Voir 3e cl., p. 52.
c) A un niveau inférieur avec ankylose de la hanche	70	N	

1. Le jurisclasseur cite même 80.

	1919	1915	1831
	D. G. Pour 100.	D. (A) G. (P)	
Hanches.			
FRACTURES (Voir ci-après).			
Raideurs articulaires	15 à 30	15 à 35	
ANKYLOSES COMPLÈTES			
a) En rectitude.	55	40 à 50	
b) En mauvaise attitude (flexion, adduction, abduction, rotation) . . .	65	60 à 70	Voir n° 41, p. 65 et 60, p. 72.
c) Des deux hanches.	90	100 en mauvaise position	
PSEUDARTHROSE			
Consécutive à de grandes pertes de substance osseuse	70	70	Voir n° 41, p. 65
Désarticulation	80	80	Voir 3° cl., p. 52
AMPUTATIONS			
D'un membre supérieur et d'un membre inférieur, quelle que soit leur combinaison	90	N	
Amputation des deux membres inférieurs.	100	100	Voir 2° cl., p. 53
Muscles.			
a) Perte de substance musculaire, suivant qu'elle intéresse un ou plusieurs muscles, avec adhérences étendues à la peau ou aux plans profonds;	Voir raideurs et ankyloses.		
b) Rupture complète ou partielle d'un muscle.		10	
c) Rupture complète ou partielle d'un tendon.			
Amyotrophie d'origine articulaire sans persistance d'ankylose partielle ou totale :			
a) [illegible]	[illegible]	[illegible]	[illegible]
b) Atrophie des muscles de la partie antérieure.	20	20	
c) Atrophie totale de la jambe	30	30	N
d) Atrophie des muscles de la partie antérieure de la jambe.	10	10	
e) Atrophie totale du membre inférieur.	40	60	
Nerfs.			
PARALYSIES			
Paralysies complètes (1) par lésions des nerfs périphériques :			
a) Totale du membre inférieur.	50	60	Voir n° 41: p. 66.
b) Du sciatique poplité externe.	30	20	
c) Du sciatique poplité interne.	30	N	Voir n° 56, p. 70. auquel nous avons surajoutés ces lésions comparativement.
c') Du sciatique poplité interne avec causalgie.	60	N	
d) Combinée du sciatique poplité interne et du sciatique poplité externe.	40	N	
e) Combinée du sciatique poplité externe et du sciatique poplité interne avec causalgie	60	N	
f) Du nerf crural	40 à 50	40 à 50	
Arthrites.			
Arthrites chroniques consécutives soit à des plaies articulaires avec ou sans lésions osseuses, soit à des accidents rhumatismaux, infectieux ou tuberculeux.	V. régions intéressées.	V. régions intéressées	Voir n° 42, p. 67. et 59 et 60, p. 72.
Luxations.			
Raideurs articulaires consécutives par arthrite, périarthrite, ostéome, atrophie musculaire, irréduction ou irréductibilité.	Voir raideurs et ankyloses.	V. régions intéressées	Voir n° 42, p. 67. et 60 p. 72.

1. En cas de paralysie incomplète, les taux fixés ci-dessus seraient abaissés et rationnellement calculés d'après le degré de gêne fonctionnelle.

	1919	1915	1831
	D. G. Pour 100.	D. (A) G. (P)	
Vaisseaux.			Voir n° 28, p. 59 et 41, p. 66.
Anévrismes, curabilité opératoire, sinon évaluation de l'invalidité, suivant la gêne fonctionnelle.			
OBLITÉRATIONS VASCULAIRES			
a) Artérielles, d'origine traumatique, chirurgicale ou infectieuse :			
a') Peut exister sans occasionner d'invalidité.			
a'') Atrophie du membre sous-jacent compliquée de raideurs articulaires.	10 à 40	N	N
a''') Lors de lésions nerveuses simultanées. (V. nerfs.)			
a'''') Lors de sphacèle périphérique du membre. (V. amputation.)			
b) Veineuses :			
b') Lors d'œdème chronique, dûment vérifié	10 à 30	5 à 30	N
b'') Oblitération bilatérale et œdème chronique aux deux membres inférieurs gênant la marche et la station debout	20 à 50	50 à 70	
Varices.			
Les varices par elles-mêmes ne donnent pas lieu à une évaluation d'invalidité.			
COMPLICATION DES VARICES			
Curabilité opératoire, sinon :			
Ulcère variqueux, étendu et récidivant	20 à 30	20 à 30	Voir n° 55, 70. p.
Brides circonférentielles consécutives à la cicatrisation de certains ulcères circonférentiels ou presque, avec œdème chronique sous-jacent (V. oblitérations veineuses et troubles trophiques).			
Phlébite chronique (V. oblitérations veineuses).			

II. — CRANE ET CERVEAU

a) **Crâne.**			
Lésions du cuir chevelu avec phénomènes douloureux, sans brèche osseuse complète	0 à 10	15 à 30 scalp.	N
Brèche osseuse intéressant les os dans toute leur épaisseur avec battements dure-mériens et impulsion à la toux, de la largeur d'une pièce de 2 francs à celle d'une pièce de 5 francs.	5 à 20	20	
Brèche osseuse plus étendue avec battements dure-mériens et impulsion à la toux et troubles subjectifs	20 à 40	30	Voir n° 17, p. 56.
b) **Cerveau.**			
VERTIGES (Voir oreilles). — ÉPILEPSIE			
Epilepsie traumatique (suivant le degré de gravité ou de fréquence des crises dûment vérifiées).			
Curabilité opératoire, sinon	50 à 80	25 à 100 [accès subintrants 100]	Voir n° 12, p. 55.
Epilepsie dite essentielle. — Cette maladie ne peut, en l'état actuel de la science et médicalement parlant, être rattachée au service militaire que dans les cas exceptionnels où un traumatisme encéphalique ou une infection grave de date récente ont provoqué l'apparition des symptômes ou bien si l'influence aggravante du service militaire a été démontrée par une enquête minutieuse. Dans ces cas et dans ceux qui sont susceptibles de bénéficier de la présomption d'origine instituée par la loi (suivant le degré de gravité ou de fréquence des crises dûment vérifiées)	10 à 80	25 à 50	Voir n° 17, p. 56. Voir n° 12. p. 55.
PARALYSIE DES NERFS CRANIENS			
Nerf olfactif	V. nez.	N	
Nerf optique	V. yeux.	33 [double 100]	Voir n° 20, p. 57.
Nerf moteur oculaire commun	V. nerfs moteurs.	5-20-30	N
Nerf pathétique	Idem.	—	

	1919		1915		1831
	D.	G.	D. (A)	G. (P)	
	Pour 100.				
Nerf trijumeau	10 à 30		N		
Nerf moteur oculaire externe (V. nerfs moteurs de l'œil)	10 à 30		5-20-30		
Nerf facial suivant les troubles fonctionnels	10 à 30		10 à 20		
Nerf auditif	V. oreilles.		5 à 20 [double 50]		N
Nerf glosso-pharyngien	Suivant troubles fonctionnels.		suivant troubles fonctionnels		
Nerf pneumogastrique	idem.		idem.		
Nerf spinal (branche externe)	10 à 40		N		
Nerf hypoglosse :					
a) Unilatérale	15		N		
b) Bilatérale	60				
PARALYSIES CROISÉES D'ORIGINE CÉRÉBRALE					
Monoplégie du bras :					
a) Complète	70	55	60	60	
b) Incomplète	20 à 40	15 à 30	10 à 40	10 à 40	
Monoplégie d'un membre inférieur par lésion de l'écorce cérébrale (marche possible)	20 à 40		N	N	Voir n° 41, p. 66. n° 1, p. 53, et n° 9, p. 55.
Paraplégie des deux membres inférieurs par lésion de l'écorce du lobule paracentral					
a) Complète	V. colonne vertébrale.		100 av. troubles réserv.		
b) Incomplète	Idem.		70 permettant quelques mouvements utiles		
Paralysie générale. — Cette maladie ne peut, en l'état actuel de la science et médicalement parlant, être rattachée au service militaire que dans les cas exceptionnels où un traumatisme encéphalique ou une infection grave de date récente ont provoqué l'apparition des symptômes ou bien si l'influence aggravante du service militaire a été démontrée par une enquête minutieuse. Dans ces cas et dans ceux qui sont susceptibles de bénéficier de la présomption d'origine instituée par la loi	10 à 100		80 à 100 [gâtisme 100]		Voir n° 5, p. 53.
Hémiplégie complète, sans ou avec contracture	70 à 80	55 à 60	100	100	Voir n° 1, p. 55.
Hémiplégie incomplète, sans ou avec contracture	10 à 60	8 à 45	40 à 70	40 à 70	Voir n° 9, p. 55.
Diabète sucré ou insipide	—	5 à 30	30 à 70		
APHASIE					
a) Très marquée, à l'état isolé	60 à 80		N		N
b) Très marquée, avec hémiplégie complète	100		100		Voir n° 1, p. 53.
Aphasie peu marquée, sans altération considérable du langage intérieur	10 à 30		N		N
ALTÉRATION GRAVE DES FONCTIONS MENTALES					
Psychopathies aiguës	10 à 100		10 à 100 (aliénation mentale 100)		
Psychoses chroniques post-confusionnelles	10 à 80		10 à 80		
États démentiels et chroniques. Psychoses chroniques d'emblée. États maniaques et mélancoliques — Ces états ne peuvent, en l'état actuel de la science et médicalement parlant, être rattachés au service militaire que dans les cas exceptionnels où un traumatisme encéphalique ou une infection grave de date récente ont provoqué l'apparition des symptômes ou bien si l'influence aggravante du service militaire a été démontrée par une enquête minutieuse. Dans ces cas et dans ceux qui sont susceptibles de bénéficier de la présomption d'origine instituée par la loi	10 à 100		10 à 100		Voir n° 2, p. 53.
NÉVROSES TRAUMATIQUES					
Il y aura toujours lieu de tenir compte de la différence fondamentale qui doit être établie entre les troubles purement fonctionnels et une affection caractérisée par des signes objectifs de lésion du système nerveux :					
a) Accidents hystériques pithiatiques associés à des désordres physiopathiques (organiques) (Voir chapitre des infirmités similaires);					

	1919	1915	1831
	D. G.	D. (A) G. (P)	
	Pour 100.		
b) Accidents hystériques pithiatiques associés à des désordres mentaux (Voir psychoses);		comme psychoses	Voir p. 113 et 149.
c) États neurasthéniques, avec adjonction de troubles objectifs ou de troubles mentaux (Voir chapitre des infirmités similaires);			
d) Tremblements émotionnels	10 à 30	10 à 60	
e) Tremblements commotionnels.	20 à 50	N	
f) Tics associés à des troubles psychopathiques (Voir psychoses).			
g) Torticolis convulsif.	20 à 40	N	N
III. FACE			
Mutilations.			
Mutilations étendues comprenant :			
a) Les deux maxillaires supérieurs et le nez suivant la perte de substances des parties molles.	80 à 90	80	
b) Un maxillaire supérieur et inférieur.	90	80	Voir n° 4, p. 53. et 23, p. 58. Lire la note du n° 23.
La prothèse n'apporte jamais qu'une amélioration esthétique.			
c) Le maxillaire inférieur en totalité, ou lorsqu'il n'en reste que les branches montantes, sans segment de branche horizontale, pour soutenir une prothèse.	60 à 80	N (avec la langue 80)	
Mutilations limitées.			
A. — Maxillaire supérieur.			
PSEUDARTHROSE			
a) Ballottement total (mastication impossible)	40 à 50	N	Voir n° 23, p. 58.
b) Ballottement partiel (mastication possible, mais limitée).	10 à 20	N	
En cas de prothèse avec amélioration fonctionnelle constatée	0 à 10	N	
PERTES DE SUBSTANCE			
Curabilité obligatoire. Après échec des interventions chirurgicales :			
a) Voûte palatine (suivant le siège, l'étendue)	10 à 30	N	
En cas de prothèse, selon l'amélioration fonctionnelle constatée. . . .	0 à 10	N	Voir n° 23, p. 58.
b) Voûte palatine et os incisif dans sa totalité (large communication avec les fosses nasales et quand la prothèse ne donne qu'une amélioration esthétique).	30 à 50	N	
En cas de prothèse avec amélioration fonctionnelle constatée	10 à 20	N	
c) Voûte palatine et paroi jugale (large communication avec les fosses nasales et le sinus maxillaire)	30 à 40	N	N
En cas de prothèse avec amélioration fonctionnelle constatée	10 à 20	N	Voir n° 23, p. 58.
d) Voûte palatine et voile	40 à 60		
En cas de prothèse avec amélioration fonctionnelle constatée	20 à 30	N	
B. — Maxillaire inférieur.			
PSEUDARTHROSE			
Avec ou sans perte de substance. Curabilité opératoire. Après échec des interventions chirurgicales :			
a) Très lâche (mastication très insuffisante ou complètement abolie). .	40 à 60		
b) Plus serrée (mastication plus ou moins entravée) :			
b') Branche montante : pseudarthrose très serrée	5 à 10		
Pseudarthrose plus lâche	15 à 25	5 à 10	Voir n° 23, p. 58.
b'') Branche horizontale : pseudarthrose très serrée	10 à 20		
Pseudarthrose lâche	20 à 30		
b''') Portion symphysaire :			
Pseudarthrose serrée	15 à 20		
Pseudarthrose lâche	20 à 40		
En cas de prothèse avec amélioration fonctionnelle constatée	0 à 20		

Autres Infirmités.	1919	1915	1831
	D. G. Pour 100.	D. (A) G. (P)	
MAXILLAIRE SUPÉRIEUR			
Consolidations vicieuses. — *a*) Nul engrènement avec les dents inférieures, mastication extrêmement limitée.	10 à 20	N	
b) Engrènement partiel	0 à 10	N	N
En cas de prothèse avec amélioration fonctionnelle constatée	0 à 5		
MAXILLAIRE INFÉRIEUR			
Consolidations vicieuses. — *a*) Nul engrènement avec les dents supérieures	10 à 20		
b) Engrènement partiel suivant les possibilités masticatrices	0 à 10	N	Voir n° 23, p. 58.
En cas de prothèse avec amélioration fonctionnelle constatée	0 à 5		

IV. DENTS

	1919	1915	1831
PERTE COMPLÈTE OU PRESQUE COMPLÈTE [1]			
En haut et en bas des dents et de leurs alvéoles, la prothèse n'étant pas supportée	10 à 30	20	
En cas de prothèse avec amélioration fonctionnelle constatée.	0 à 10	N	
ARTICULATION TEMPORO-MAXILLAIRE			
Luxation irréductible, suivant le degré de gêne fonctionnelle.	20 à 30	33	Voir la note du n° 23, p. 58.
En cas de prothèse atypique avec amélioration fonctionnelle constatée.	0 à 10	N	
CONSTRICTION DES MACHOIRES			
Curabilité opératoire : après échec de toute intervention opératoire.			
Nécessité d'un pied à coulisse métallique placé au niveau du bord coupant des incisives médianes, dans le maximum possible d'écart (15 à 0 millimètre d'écart).	15 à 30	20 à 30	
Entre 30 et 15 millimètres, sans force masticatrice appréciable	5 à 20	N	

(1) La perte de 5 dents : 2,5 %. — Barème 1915.

V. BOUCHE ET JOUES

	1919	1915	1831
BRIDES CICATRICIELLES			
Brides cicatricielles limitant l'écartement des mâchoires (Voir ci-dessus).			
Brides cicatricielles limitant l'ouverture buccale à la suite de l'autoplastie d'une vaste mutilation faciale, entravant l'hygiène buccale, la prononciation, la mastication, laissant s'écouler la salive.	20 à 50	20 à 30	Voir n° 22, p. 58.

VI. LANGUE

	1919	1915	1831
Amputation plus ou moins étendue, adhérences (suivant la gêne de la parole et de la déglutition	10 à 10	0 à 60 (paralysie totale 60)	N
Fistule salivaire (curabilité opératoire), sinon.	10 à 20	10 à 30	

VII. YEUX

(Texte extrait du Guide Barème de 1919).

I. — *Il est nécessaire d'établir en règle générale que :*

1° *En aucun cas les troubles fonctionnels oculaires, sans lésions anatomiques de l'œil ou de ses annexes, appréciables par l'examen objectif, ne peuvent être considérés immédiatement comme absolument incurables, qu'il s'agisse de vision centrale ou de vision périphérique.*

I. — CÉCITÉ OU PERTE IRRÉMÉDIABLE DE LA VUE.

Dans cette catégorie rentrent : l'absence ou l'atrophie des deux globes, les leucomes et les staphylomes cicatriciels occupant la plus grande partie des cornées, l'atrophie complète des nerfs optiques, les vastes lésions cicatricielles ; de la choriorétine dans le pôle postérieur, des décollements de la rétine à la période régressive.

	1919		1915		1831
	D.	G.	D. (A)	G. (P)	
II — PERTE TOTALE DE LA VISION D'UN ŒIL, L'AUTRE ŒIL N'ÉTANT PAS ATTEINT.	Pour 100.				
Il faut distinguer les cas de perte de la vision, sans lésion apparente, des cas de mutilation (énucléation, exentération, atrophie du globe staphylomes étendus) :					
a) Perte de la vision de l'œil sans difformité apparente.	25		30		Voir n° 20, p. 57.
b) Ablation ou atrophie du globe avec difformité apparente, mais permettant la prothèse.	30		N		
b') Avec lésions cicatricielles ne permettant par l'usage d'un œil artificiel.	40		N		
III. — *L'acuité visuelle ne sera estimée qu'en tenant compte de la correction optique, par les verres sphériques, cylindriques ou sphéro-cylindriques.*					
En cas de simulations indiquer les procédés employés pour la déjouer.					

TABLEAU D'ÉVALUATION [1]

ACUITÉS VISUELLES	1 à 5/10	4/10 ou 3/10	2/10	1/10	1/15 à 1/20	Moins de 1/20 à 0	ÉNUCLÉATIONS Difformités apparentes avec ou sans prothèse.
1 à 5/10.	0	5	10	15	20	25	30 à 40
4/10 à 3/10.	5	10 à 15	15 à 20	25 à 30	30 à 35	40 à 45	45 à 50
2/10.	10	15 à 20	45	50	55 à 60	60 à 70	75 à 80
1/10.	15	25 à 30	50	65	70 à 80	85	90 à 95
1/15 à 1/20.	20	30 à 35	55 à 60	70 à 80	85 à 90	90 à 95	100
Moins de 1/20 à 0	25	40 à 45	60 à 70	85	00 à 95	100	100
Énucléations ; difformités apparentes avec ou sans prothèse.	30 à 40	45 à 50	75 à 80	90 à 95	100	100	100

1. NOTA. Les pourcentages sont établis de 10 à 100 p. 100, 100 p. 100 étant l'invalidité absolue. Dans la plupart des barèmes antérieurs, l'invalidité absolue pour les aveugles était cotée 125 p. 100, et les tableaux proportionnels établis en conséquence.

IV. — VISION PÉRIPHÉRIQUE — CHAMP VISUEL [1]

Rétrécissement concentrique du champ visuel.

A 30° :

Un œil. . . . . 0 p. 100
Les deux yeux . . . . . 20 —

Moins de 40°

Un œil. . . . . 10 —
Les deux yeux . . . . . 70 à 80 —

Scotomes centraux, suivant leur étendue :

Un œil . . . . 15 à 25 —
Les deux yeux . . . . . 70 à 100 —

Hémianopsies, perte de la vision de deux portions symétriques des champs visuels, avec conservation de la vision centrale.

Hémianopsies verticales :

Homonymes droites ou gauches. 25 p. 100
Hétéronymes nasales exceptionnelles . . . . 10 —
Hétéronymes temporales exceptionnelles . . . . 40 —

Hémianopsies horizontales :

Supérieures. . . . . 10 —
Inférieures. . . . . 50 —
Hémianopsies en quadrant. . . 10 —

Taux qui s'ajoutera au chiffre de l'hémianopsie horizontale ou verticale dans les cas où trois quadrants du champ visuel sont obscurs.

Hémianopsie avec perte de la vision centrale uni- ou bilatérale. (Ajouter les chiffres du tableau ci-dessus sans que le total puisse dépasser 100 p. 100.)

NOTA. — C'est particulièrement l'examen subjectif des champs visuels qui peut donner lieu à des simulations ou des exagérations difficiles à dépister.

	1919	1915	1831
V. — VISION BINOCULAIRE			
Le déséquilibre de la fonction, qui permet aux deux yeux de fixer le même objet, entraîne une diplopie lorsque l'acuité visuelle est à peu près égale des deux côtés. La diplopie se produit dans toutes les paralysies oculaires extrinsèques, intéressant un ou plusieurs muscles.			
Diplopie (en raison de la nécessité d'oblitérer un œil)	25	5 à 30	N
VI. — AUTRES AFFECTIONS OCULAIRES			
Paralysie de l'accommodation et du sphincter irien			
Ophtalmoplégie interne unilatérale.	5 à 10	5 à 20	N
Ophtalmoplégie interne bilatérale.	10 à 20	20 à 30	

1. Pour ces infirmités le Guide Barème de 1915 n'indique pas de degré d'invalidité. — Consulter le chapitre suivant.

	1919	1915	1831
	D. G. Pour 100.	D. (A) G. (P)	
Cataractes traumatiques :			
a) Non opérables (le quantum dépendra de l'acuité visuelle existante ou nulle);			
b) Œil opéré ou dont la cataracte s'est résorbée.			
Si la vision est inférieure à celle de l'œil non blessé, en raison de l'impossibilité de fusionner les images, ajouter 10 pour 100, sans que l'invalidité dépasse 25 pour 100, comme pour la perte de la vision d'un œil.			
Exemple :			
V. O. D. (sain) = 1;		Se calcule d'après l'acuité visuelle	Si perte de la vue d'un côté v. n° 21, p. 57.
V. O. G. (opéré) = 1 à 5/10 + 10 D.	10		
V. O. D. (sain) = 1;			
V. O. G. (opéré = 1/10 au-dessous + 10 D.	25		
Si la vision de l'œil non cataracté est plus mauvaise ou nulle, se reporter au tableau des acuités visuelles, en donnant la meilleure correction optique de l'œil aphaque.			
Les luxations du cristallin, les hémorragies intra-oculaires, les décollements de la rétine, étant susceptibles de modifications, seront estimées d'après le degré de vision.			
Annexes de l'œil			
a) ORBITE OSSEUSE			
Destruction d'une partie de l'orbite et de son contenu, y compris l'œil, lésions étendues des sinus périorbitaires et des fosses nasales : mutilation empêchant toute restauration ou prothèse.	50 à 70	N	Voir n° 4, p. 55. Voir n° 20, p. 57.

Nerfs moteurs :			
Paralysie d'un ou de plusieurs muscles (diplopie).	25	5 à 20 (20 à 30 plus. muscles)	Voir n° 13, p. 56.
Nerfs sensitifs :			
Névrites, algies, tics douloureux.	15 à 25	N	N
Paralysie de la 5e paire, troubles trophiques (syndrome neuro-paralytique).			
Altérations vasculaires veineuses ou artérielles (anévrismes, tumeur pulsatile de l'orbite) suivant les troubles fonctionnels.	20 à 60	N	N
b) PAUPIÈRES			
Curabilité opératoire pour la plupart des lésions palpébrales.			
Déviation des bords palpébraux (entropion, trichiasis, ectropion, cicatrices vicieuses, symblépharon ou ankyloblépharon suivant étendue), ajouter à la diminution de l'acuité visuelle.	0 à 10	10 à 20 (20 à 50 deux yeux)	Voir n° 22, p. 58.
Ptosis, curabilité opératoire, sinon lorsque dans le regard horizontal la pupille ne pourra être découverte, suivant le degré :			
Un œil.	10 à 20	5 à 10	N
Les deux yeux.	40 à 70	20 à 100 [1]	
Lagophtalmie par paralysie faciale :			
Un œil, suivant les complications.	10 à 20	15 à 20	N
Les deux suivants les complications.	30 à 50	30 à 60	
c) VOIES LACRYMALES			
Épiphora.	0 à 10	1 à 10 (10 à 20 double)	
Fistules avec lésions osseuses étendues :			N
Unilatérale.	20	N	
Bilatérale.	40	N	

1. Lorsqu'il y a cécité 100.

(Extrait du Guide Barème de 1915)

	1919	1915	1831

PERTE PARTIELLE DE LA VISION D'UN COTÉ

L'œil étant estimé à 30 % et la vision calculée en dixième, à chaque perte de dixièmes visuels correspondra une perte de dixième de 30, soit 3,0.

EXEMPLE. — Un militaire perd 7/10 de la vision d'un œil, il perdra donc 3,0×7 = 21 % de la vision totale de cet œil, soit 20 %.

PERTE DE LA VISION D'UN COTÉ ET DIMINUTION DE LA VUE DE L'AUTRE COTÉ

Acceptons l'évaluation de Zehender. La cécité étant taxée à 100 % et la perte de la vision d'un œil à 33 %, l'autre œil vaudra donc 100 — 33,33 = 66,66.

D'une manière générale, on arrêtera l'évaluation à 30 et 70.

Un œil représente donc très approximativement le tiers de la vision totale et l'autre les deux tiers.

Soit le cas concret de la perte de la vision d'un côté et de la perte partielle de 4/10 de la vision de l'autre côté. La perte partielle de la vision du second œil sera calculée d'après les données qui précèdent. Ce second œil, représentant les deux tiers de la vision totale, soit 70 %, à chaque perte de dixièmes correspondra une perte de 70 %, soit 7,0.

La perte partielle étant de quatre dixièmes, elle équivaudra à 4×7,0 = 28 %. Le taux global d'invalidité correspondra donc à 30 + 28 = 58 %.

Ce texte est cité à titre documentaire.

AFFAIBLISSEMENT DE L'ACUITÉ VISUELLE AUX DEUX YEUX

A) *Si la vision est aux deux yeux supérieure ou égale à cinq dixièmes, chaque œil comptera pour un tiers.*

EXEMPLE. — Acuité visuelle abaissée à sept dixièmes aux deux yeux, la perte subie est donc de trois dixièmes pour chaque œil.

Chaque œil, comptant pour un tiers, soit 30 %, la perte respective sera représentée par (3×3,0) + (3×3,0) = 9,0 + 9,0 = 18 %.

B) *Si la vision est à un œil supérieure ou égale à cinq dixièmes, et inférieure à ce chiffre à l'autre, l'œil le moins atteint comptera pour les deux tiers, l'œil le plus atteint pour un tiers.*

EXEMPLE. — Vision abaissée à sept dixièmes pour un œil et à quatre dixièmes pour l'autre œil.

La perte est de trois dixièmes pour l'un et de six dixièmes pour l'autre.

Le premier, qui est le moins atteint, comptera pour les deux tiers et aura subi une perte de 3×7,0 = 21 % tandis que le second, qui est le plus atteint, comptant pour un tiers, aura subi une perte de 6×3 = 18 %; le total global s'élevant ainsi à 21 + 18 = 39 %.

C) *Si la vision est aux deux yeux inférieure à cinq dixièmes, l'œil le plus atteint comptera pour les deux tiers et le moins atteint pour le tiers.*

EXEMPLE. — Cas où la vision est abaissée à trois dixièmes d'un côté et à quatre dixièmes de l'autre côté.

Le plus atteint est celui qui a perdu sept dixièmes et le moins atteint, celui qui a perdu six dixièmes.

Le premier comptera pour les deux tiers et le second pour le tiers. La perte subie par le premier équivaudra donc à 7,0×7 = 49 %, et la perte subie par le second équivaudra à 6×3,0 = 18 %, soit un total global de 49 + 18 = 67 %.

VIII. NEZ

A. — MUTILATIONS

	1919	1915	1831
a) Perte du nez extérieur sans sténose nasale.	20 à 40	20 à 30	
b) Mutilation partielle du nez sans sténose nasale.	10 à 20	N	N
c) Moignon nasal cicatriciel consécutif à un broiement du nez avec sténose nasale.	20 à 50	30	Voir n° 22, p. 58.

	1919		1915		1831
	D.	G.	D. (A)	G. (P)	
B. — LÉSIONS STÉNOSANTES ENDO-NASALES SANS MUTILATION EXTÉRIEURE	Pour 100.				
Curabilité opératoire, sinon.	5 à 25		N		N
Paralysie complète du nerf olfactif : sans lésion apparente de l'étage supérieure des fosses nasales.	5		N		

IX. OREILLES

Oreille externe

	1919	1915	1831
A. — PERTE OU DÉFORMATION EXCESSIVE DU PAVILLON SANS LÉSION DU CONDUIT AUDITIF			
a) Unilatérale.	5	8	N
b) Bilatérale.	10		
B. — PERTE DU PAVILLON AVEC LÉSIONS STÉNOSANTES DU CONDUIT AUDITIF			
Ajouter aux taux ci-dessus le taux correspondant à la diminution ou à la suppression de l'acuité auditive concomitante.			

Oreille moyenne et oreille interne

a) *Audition bonne* :

V. C. entendue à 50 centimètres.
V. H. entendue à 5 mètres.

b) *Surdité incomplète* :

V. C. entendue à 12 centimètres.
V. H. entendue à 1 m. 25.

c) *Surdité complète* :

V. C. H. non entendues.

	1919	1915	1831
b) *Surdité incomplète* :			
b') unilatérale.	5 à 10	10	
b'') bilatérale.	15 à 45	10 à 15	Voir n° 50, p. 69.
c) *Surdité complète* :			
c) unilatérale.	20	10 à 15 av^ec bourdonnements 30	Voir n° 50, p. 69.
c) bilatérale.	60	50	Voir n° 19, p. 57.
Surdité complète d'un côté et incomplète de l'autre.	30 à 50	25 à 30	Voir n° 50, p. 69.

Ce tableau se lit comme une table de Pythagore.

VOIX CHUCHOTÉE Les chiffres en centimètres indiquent les distances auxquelles elle est perçue. Décuplez les distances en cas d'emploi de la voix haute.	ÉVALUATION DE L'ACUITÉ AUDITIVE de l'oreille la plus sourde.					
Évaluation de l'acuité auditive de l'oreille la moins sourde.	48 cent^res. et au-dessus.	24 centimèt.	12 centimèt.	6 centimèt.	3 centimèt.	
48 centimètres et au-dessus.	Invalidité **0**	Invalidité 5	Invalidité **10**	Invalidité 15	Invalidité **20**	Degrés d'invalidité.
24 centimètres.	10	15	20	25	30	
12 centimètres.		20	**30**	35	**40**	
6 centimètres.			30	45	50	
3 centimètres.				45	60	

	1919	1915	1831
	D. G. Pour 109.	D. (A) G. (P)	
OSTÉOMYÉLITE			
Chronique suppurée du temporal fistulisée par l'oreille (curabilité opératoire), sinon, voir ostéomyélite.			
En cas de surdité ou de paralysie faciale concomitante (voir ces mots).			
Ostéite tuberculeuse du temporal.	30 à 50	20 à 50	N
Vertiges. (Extrait du Guide Barème de 1919)			
Le vertige labyrinthique traumatique ne doit pas être confondu avec les troubles encéphaliques vagues consécutifs aux traumatismes craniens et que les blessés désignent sous le nom d'éblouissements.			
Le vertige labyrinthique traumatique a deux caractères subjectifs nets isolés ou concomitants :			
a) Sensation de rotation soit de l'individu, soit des objets qui l'entourent; b) Tendance à la chute.			
Ce vertige dont la marche est décroissante, a généralement disparu un an après le traumatisme.			
Si donc, à cette date, le sujet accuse encore des troubles vertigineux on devra en faire la démonstration objective en soumettant le blessé aux cinq séries d'épreuves suivantes :			
1° Épreuves statiques; 2° Épreuves de la marche; 3° Épreuves voltaïques; 4° Épreuves rotatoires; 5° Épreuves caloriques.			
Pour affirmer l'existence du vertige, il faut que deux ou trois de ces épreuves au moins donnent un résultat positif, sinon, on ne niera pas que le patient soit vertigineux, mais on admettra que son vertige n'entraîne pas d'invalidité réelle.			
Dans les cas avérés, suivant l'intensité et la fréquence des accès. . .	10 à 30	50 à 60	N
A. — Traumatisme sans lésions médullaires avec lésions organiques certaines.			
(Fractures partielles, entorses, tassements, ostéo-arthrite chronique consécutives).			
a') Déviation persistante de la tête et du tronc (gêne importante des mouvements	30 à 50	20 à 50	
a'') Scoliose ou cyphose, étendue et permanente, ou raideur permanente en rectitude de la colonne vertébrale.	20 à 40	Abcès par congestion : 60 à 70	
a''') Saillie ou dépression localisée, avec douleur et gêne des mouvements.	10 à 30	Spondylite : 20 à 50	Voir n° 18, p. 57, et n° 40, p. 64.
B. — Traumatisme avec lésions médullaires. (Moelle épinière, queue de cheval et leurs enveloppes.)			
PARAPLÉGIE COMPLÈTE			
Avec ou sans troubles des réservoirs.	100	100	Voir n° 1, p. 55.
PARAPLÉGIE INCOMPLÈTE			
a) Si la marche est impossible.	70 à 90	70	Voir n° 9, p. 55.
b) Si la marche est possible avec béquilles ou cannes.	30 à 70		
DÉFORMATIONS RACHIDIENNES			
Il y aura toujours lieu de tenir compte de la différence fondamentale qui doit être établie entre les troubles purement fonctionnels et une affection organique caractérisée par des signes objectifs de lésion :			
a) Spondylose traumatique (déformation en cyphose permanente). . .	30 à 40	20 à 50	
b) Spondylose rhizomélique (raidenr du rachis et des membres au niveau de leurs racines, difficulté respiratoire).	40 à 80	20 à 50	Voir n° 18, p. 57.

	1919		1915		1831
	D.	G.	D. (A)	G. (P)	
	Pour 100				
Ostéites vertébrales chroniques ostéomyélytiques :					
Sans lésions médullaires avec confirmation par un examen radiographique	20 à 60		N		
Mal sous-occipital.					Voir n° 40, p. 64.
a) Sans abcès par congestion rétro-pharyngien	40 à 60		N		
b) Avec abcès par congestion rétro-pharyngien.	70 à 80		60 à 70		
Tuberculose vertébrale : **mal de Pott :**					
a) Sans abcès par congestion et révélée par la radiographie	30 à 40		N		
b) Avec abcès par congestion et déformation, sans lésions médullaires.	50 à 70		60 à 70		
c) Avec lésions médullaires (V. paraplégie).					
Ataxie locomotrice progressive. — Cette maladie ne peut en l'état actuel de la science et médicalement parlant être rattachée au service militaire que dans les cas exceptionnels où un traumatisme encéphalique ou médullaire ou une infection grave de date récente ont provoqué l'apparition des symptômes ou bien si l'influence aggravante du service militaire a été démontrée par une enquête minutieuse, dans ces cas et dans ceux qui sont susceptibles de bénéficier de la présomption d'origine instituée par la loi	10 à 100		60 à 80		Voir n° 11, p. 55.
Syringomyélie	50 à 70		70		
Les amyotrophies progressives	10 à 80		60 à 70		Voir n° 14, p. 56.
Maladie de Basedow	30 à 60		N		
Sclérose en plaques	60 à 70		60 à 70		N

XI. BASSIN

	1919	1915	1831
Luxation irréduite du pubis ou relâchement étendu de la symphyse pubienne	20 à 40		
FRACTURES			
a) Douleur persistante et gêne dans la marche et les efforts	10 à 20	N	Voir n° 41, p. 66, et 57, p. 71.
b) S'il existe en outre un racourcissement et une déviation du membre inférieur	30 à 50	30	
c) Lésions uréthro-vésicales (V. appareil génito-urinaire).			

XII. COU

	1919	1915	1831
Déviation d'origine vertébrale. (V. colonne vertébrale).			
Déviation (torticolis, inflexion antérieure) par rétraction musculaire ou cicatrice étendue	10 à 30		
Inflexion antérieure où le menton est en contact ou presque avec le sternum	40 à 60	20 à 30	Voir n° 18, p. 57.

XIII. LARYNX

	1919	1915	1831
Rétrécissements cicatriciels dont les conséquences fonctionnelles sont la dysphonie et la dyspnée.			
Elles varient en général parallèlement, mais l'une peut exister sans l'autre.			
a) Cas des troubles isolés :			
a) Dysphonie depuis la voix éraillée, sonore, la voix du camelot, jusqu'au chuchotement,	5 à 20		
b) Dyspnée b') simple dyspnée d'effort	10	N	N
Dyspnée b'') interdisant toute fatigue	30		
Dyspnée b''') intense, nécessitant le port d'une canule trachéale	50	50	Voir n° 24, p. 59.
b) Cas des troubles associés (dysphonie et dyspnée)	50 à 60	30 à 40	

	1919 D. G. Pour 100.	1915 D. (A) G. (P)	1831
PARALYSIE			
Les paralysies traumatiques du larynx associées ou non, aux paralysies du voile du palais ou de l'épaule sont extrêmement rares. Si toutefois on les rencontre, on les évaluera d'après les chiffres ci-dessus afférents à la dysphonie et à la dyspnée.		10 à 60	N
TUBERCULOSE DU LARYNX			
a) Voix voilée (forme catarrhale)	20		
b) Aphonie avec lésions limitées aux cordes	50	N	N
c) Dysphagie avec ou sans aphonie	90		
d) Dyspnée, sténose, trachéotomie	100	100	Voir n° 30, p. 59.

XIV. PHARYNX

	1919	1915	1831
A. — Rétrécissement du pharynx inférieur : œsophage.			
a') Cicatrices pharyngées créant une gêne notable de la déglutition	10 à 30	N	
a'') Rétrécissement traumatique de l'œsophage	20 à 50	20 à 50	Voir n° 25, p. 59.
b''') Fistule œsophagienne suivant sa largeur très souvent combinée au rétrécissement (curabilité opératoire), sinon	10 à 30	N	
B. — Rétrécissement ou occlusion du pharynx supérieur.			
Isthme (naso-pharyngé) par adhérences du voile du palais à la paroi vertébrale	15 à 40	N	Voir n° 24, p. 59.
En cas de surdité concomitante, le pourcentage ci-dessus serait augmenté jusqu'à concurrence maximum de	60	N	

XV. THORAX

	1919	1915	1831
FRACTURE DU STERNUM			
La fracture isolée du sternum :			
a) Avec enfoncement, sans lésions profondes et suivie de douleurs qui empêchent tout effort violent	10 à 20	10	N
b) Avec lésions profondes du cœur, des vaisseaux, des poumons. (V. ces mots.)			
FRACTURE DES CÔTES			
Suivant la déformation et le degré de gêne fonctionnelle	0 à 20	0 à 60	
Tuberculose (1)			
B). TUBERCULOSE PULMONAIRE PAR CONTAGION PROFESSIONNELLE. — B''). TUBERCULOSE PULMONAIRE RÉVÉLÉE ET AGGRAVÉE PAR LE TRAUMATISME			
Traumatisme proprement dit, agents physiques (misère physiologique, intempéries, fatigues), agents chimiques (gaz asphyxiants).			
a) Cas légers	10 à 30	N	
b) Cas moyens	30 à 70	40 à 60	
c) Cas avancés (tuberculose cavitaire)	70 à 90	État cachectique : 100	Voir n° 30, p. 59.
Bronchite chronique compliquée d'emphysème et d'affection du cœur non compensée et d'accès d'asthme très fréquents	90	100	Voir n° 29, p. 59.
Bronchite chronique simple sans emphysème	5 à 20	30	N
Pleurésie traumatique avec déformations thoraciques consécutives indélébiles et troubles fonctionnels	5 à 30	30	
Hémothorax. Adhérences et rétractions thoraciques consécutives	5 à 20	N	
Pyothorax (empyème), suivant le fonctionnement pulmonaire révélé par les signes physiques et la radioscopie, le retrait de la cage thoracique ou le retentissement sur l'état général	10 à 50	20 à 30	Voir n° 26, p. 59.
Hernie irréductible du poumon	10 à 40	60 à 100	Voir n° 27, p. 59.

(1) Voir page 10, Mode d'évalution.

XVI. CŒUR ET AORTE

	1919	1915	1831
	D. G.	D. (A) G. (P)	
	Pour 100.		
Nota. — Dans le cas de troubles cardiaques fonctionnels et de troubles subjectifs, sans asystolie et sans signes stéthoscopiques bien nets de lésions valvulaire ou péricardique, tels que les cas de palpitations simples, de tachycardie sans lésion, de douleurs précordiales, de dilatation et hypertrophie cardiaques, dites de fatigues ou de croissance, il est désirable que l'examen des sujets soit confié à des médecins possédant une connaissance spéciale en cardiologie.			
Adhérences péricardiques ou lésions valvulaires, coexistant, ou existant séparément, ou myocardites :			
a) Bien compensées.	1 à 15	N } rupture valvulaire	
b) Avec troubles fonctionnels caractérisés	20 à 60	N } 70 à 80	
c) Avec asystolie confirmée.	80	100	
Affections cardio-rénales, consécutives à une maladie infectieuse ou à une intoxication, suivant les troubles fonctionnels ou les complications.	30 à 90	N	Voir n° 28, p. 59.
Artério-sclérose. — Ne donne pas lieu à estimation d'invalidité.			
Anévrisme de l'aorte, — L'anévrisme de l'aorte, dans les cas très rares où il est d'origine traumatique ou infectieuse, en dehors de la syphilis	40 à 80	60 à 100	

XVII. ABDOMEN

	1919	1915	1831
Estomac.			
Ulcère chronique :			
a) Séquelles cicatrisées	30 à 50	N	
b) Rétrécissement du pylore, dilatation d'estomac, amaigrissement. . .	50 à 80	50	Voir n° 31, p. 63.
c) Adhérences douloureuses.	10 à 40	N	
Fistule stomacale. Curabilité opératoire, sinon, En raison de la dénutrition rapide, des soins constants, des douleurs, des complications.	50 à 90	20 à 100	
Intestin grêle.			
Fistules intestinales. Curabilité opératoire, sinon,			
a) Fistules étroites	20 à 30	N } Dépend de l'état de dénutrition	
b) Fistules larges, bas situées	40 à 70	N } Dépend de l'état de dénutrition	Voir n° 36, p. 63.
c(Fistules larges, haut situées.	70 à 90	100 } Dépend de l'état de dénutrition	
Gros intestin.			
Fistules stercorales. Curabilité opératoire, sinon,			
a) Fistule stercorale étroite, ne livrant passage qu'à des gaz et à quelques matières liquides.	20 à 30	N	
b) Fistule stercorale, livrant passage à une certaine quantité de matières, la défécation s'effectuant à peu près normalement.	30 à 40	50	Voir n° 36, p. 63.
c) Anus contre nature, livrant passage à la presque totalité du contenu intestinal, avec défécation supprimée ou presque.	80 à 90	100	
Prolapsus du rectum :			
Fistules anales : suivant leur siège (extra-sphinctérienne ou intra-sphinctérienne), leur nombre et leur étendue, curabilité opératoire, sinon	Voir Incontinence. Rétention. 10 à 40	40 à 50 20 à 40	
Incontinence ou rétention fécale par lésions du sphincter ou de l'orifice anal avec ou sans prolapsus du rectum	30 à 70	N	Voir n° 37, p. 64.
Entérites chroniques : suivant le retentissement sur l'état général. . .	20 à 70	20 à 50	
Dysentérie chronique.	20 à 50	20 à 70	Voir n° 32, p. 63.
Péritonite tuberculeuse	30 à 70	70 (traumatique)	

	1919	1915	1831
	D. G.	D. (A) G. (P)	
	Pour 100.		
Hernies : exclusivement celles qui ont été produites ou aggravées brusquement par un effort ou par un accident; curabilité opératoire, sinon :			
a) Inguinale.	10 à 20	10 à 30	
b) Crurale	10 à 30	10 à 20	
c) Bilatérale	20 à 30	5 à 10 (hernies de faiblesse)	Voir n° 52, p. 69.
d) Épisgastrique	10 à 20	30	
Parois de l'abdomen.			
Cicatrices ou éventrations : curabilité opératoire, sinon.			
a) Cicatrices sans hernie ni éventration très larges et adhérentes, limitant les mouvements du tronc	10 à 30	5 à 10	
b) Cicatrice avec hernie localisée.	10 à 20	10 à 20	
c) Cicatrice avec éventration.	30 à 60	20 à 60	Voir n° 35, p. 63.
Hernie ou éventration sans cicatrices, consécutive à des ruptures musculaires étendues.	10 à 40	20 à 60	
Éventration hypogastrique	10 à 20	N	
Paralysie partielle des muscles de l'abdomen par lésion des nerfs de la paroi.	5 à 10	N	
En cas d'éventration lombaire concomitante (V. plus bas).			
Foie.			
Fistules biliaires ou purulentes tramatiques ou post-opératoires (curabilité opératoire), sinon	20 à 60	20 à 60	Voir n° 33, p. 63.
Hépatite chronique (V. maladies exotiques)			
Rate.			
Splénectomie	20 à 50	40 à 50	N
Leucémie.	N	80 à 100	

XVIII. APPAREIL GÉNITO-URINAIRE

	1919	1915	1831
Reins			
Éventration lombaire avec ou sans paralysie partielle des muscles de l'abdomen	20	N	N
Paralysie partielle des muscles de l'abdomnen (V. plus haut).			
Néphrite traumatique : ce terme ne peut s'employer que pour les cas où à la suite d'une blessure ou d'un traumatisme, le rein est atteint d'un trouble fonctionnel, amoindrissant sa valeur d'élimination; le diagnostic devra être posé à l'aide des procédés d'exploration usuels tels que le cathétérisme des uretères, l'azotémie, la constante d'Ambard.			
a) Unilatérale sans infection (hématuries médicalement constatées, douleurs ou troubles fonctionnels	10 à 30	20 à 30	
b) Unilatérale avec infection (pyélonéphrite).	40 à 50	60 à 70	Voir n° 38, p. 64.
Néphrite infectieuse ou toxique.	50 à 80	60 à 70	
Pyélonéphrite double : par infection descendante.	50 à 80	70 à 100	
Néphrectomie.	50	50	
Néphrectomie avec complications cicatricielles, éventration, paralysie partielle des muscles de l'abdomen.	50 à 70	N	
Fistule lombaire urinaire ou uro-purulente d'origine rénale ou périrénale.	40 à 60	60	
Fistule de l'uretère par plaie ou par rétrécissement du conduit. . . .	50	60	
Rein mobile :			
Le rein mobile n'est jamais un effet de traumatisme. Celui-ci ne fait que révéler le rein mobile alors qu'il existait à l'état latent, il peut avoir pour résultat d'aggraver les désordres ou les troubles antérieurs	5 à 10	20 à 30	

	1919	1915	1831
	D. G. Pour 100.	D. (A) G. (P)	
Tuberculose urinaire :			
a) Rénale :			
a') Unilatérale	50	comme pyonéphrite.	Voir n° 30, p. 59. et 38, p. 64.
a'') Bilatérale (suivant la gravité de l'état vésical)	60 à 80		
b) Vésicale :			
Cystite tuberculeuse sans tuberculose rénale	20 à 30	N	
Vessie.			
Éventration hypogastrique :			
Adhérences de la paroi vésicale à la symphyse pubienne fracturée avec fistule ostéopathique interne (visible au cystoscope)	40 à 50	N	
Fistules : curabilité opératoire, sinon :			
Fistules hypogastriques persistantes	50	20 à 40	
(De même si elle est entretenue dans un but thérapeutique comme dérivation.)			
Fistules urinaires fessières, sacrées ou autres	50		
Fistule vésico-intestinale	70	50 à 70 (Périnée dur et infiltré.)	Voir n° 38, p. 64.
Fistule vésico-rectale	50 à 90		
Cystite chronique persistante d'origine traumatique : consécutive à des sondages répétés ou à des plaies de vessie qui ont nécessité pendant des mois la sonde à demeure	30 à 40	50 à 70	
Cystite avec pyélo-néphrite :			
a) Unilatérale	50	60 à 70	
b) Bilatérale	70 à 90	70 à 100	
Cystite tuberculeuse (V. Tuberculose urinaire).			
Rétention d'urine chronique et permanente consécutive à des lésions de la moelle, à des contusions ou à des commotions de la queue de cheval :			
a) Complète (le malade n'urinant qu'avec la sonde)	40	10 à 30	
b) Incomplète (la vessie conservant un résidu de 200 à 500 grammes et le surplus étant évacué spontanément)	20	N	
Les mêmes, avec pyélo-néphrite ascendante suivant que celle-ci est uni ou bilatérale	50 à 90	70 à 100	Id.
Incontinence d'urine rebelle ou permanente (succède comme la rétention à des lésions nerveuses, peut consister aussi dans un simple trouble fonctionnel	20 à 30	N	
Ces pourcentages pour la rétention ou l'incontinence seraient combinés à celui de la lésion médullaire, en cas d'association.			
URÈTHRE			
Urèthre postérieur.			
a) Rétrécissement infranchissable par section complète ou dilacération de l'urèthre postérieur avec fistule hypogastrique par dérivation) persistante	90	50 à 70	Voir n° 58, p. 64.
b) Rétrécissement difficilement franchissable par déchirure incomplète de l'urèthre postérieur	60	N	N
c) Rétrécissement facilement dilatable, curabilité opératoire, sinon	20 à 40	10 à 30	N
d) Rétrécissement :			
d') Avec fistule uréthro-rectale persistante	60 à 80	N	N
d'') Avec destruction du sphincter anal et incontinence des matières fécales	80 à 90	N	N
Urèthre antérieur.			
c) Rétrécissement traumatique facilement dilatable, curabilité opératoire, sinon	20 à 30	10 à 30	N
Rétrécissement difficilement dilatable	30 à 40	N	

	1919	1915	1831
	D. G. Pour 100.	D. (A) G. (P)	
Destruction du canal de l'urèthre traumatique ou après résection opératoire (autoplastie) suivant le degré de perméabilité du canal à la dilatation	20 à 40	N	
Fistule urinaire persistante compliquant un rétrécissement traumatique, curabilité opératoire, sinon	30	20 à 40	Voir n° 38, p. 64.
Destruction totale de l'urèthre antérieur la miction se faisant :			
a) Par un méat périnéal.	70	N	
b) Par un méat hypogastrique	90	N	
Ces taux représentent l'invalidité globale.			
Lésions étendues et irréparables de l'urèthre antérieur avec urétrostomie périnéale persistante	70	N	
Appareil génital.			
Destruction de la verge souvent accompagnée d'un rétrécissement du méat	60	20 à 40	Voir n° 39, p. 64.
Lors d'un rétrécissement très serré du méat	70	N	N
Destruction partielle des corps caverneux (inflexion), coït impossible	30	N	N
Cicatrice de la verge ne gênant pas l'érection	0	N	N
Atrophie considérable, destruction ou suppression opératoire :			
a) D'un testicule	10	10	
b) Des deux testicules	70	30	Voir n° 39, p. 64.
Émasculation totale, c'est-à-dire disparition de la verge, de l'urèthre antérieur du scrotum et des testicules (la miction se faisant par un méat périnéal ou hypogastrique)	90	60	Voir n° 6, p. 54.
Hématocèle traumatique : curabilité opératoire, sinon	10 à 15	40	Voir n° 54, p. 70
Tuberculose épididymo-testiculaire :			
a) Limitée à un côté, suivant la participation plus ou moins importante du testicule	10 à 15		
b) Étendue aux deux côtés	20 à 40		
Tuberculose épididymaire uni ou bilatérale avec lésions importantes de la prostate ou des vésicules séminales	40 à 50	N	N
Orchite par effort : n'est le plus souvent qu'une épididymite blennorrhagique, auquel cas	0		
Ou qu'une orchiépididymite tuberculeuse (V. ci-dessus).			
Orchite traumatique par contusion du testicule ou par torsion du cordon, atrophie consécutive (V. ci-dessus).			

XIX. CICATRICES

	1919 D.	1919 G.	1915	1831
Curabilité opératoire (V. raideurs et ankyloses des diverses articulations).				
Cicatrices de l'aisselle limitant plus ou moins l'adduction du bras :				
a) Bras collé au corps	30 à 40	25 à 30	20 à 50	Voir n° 47, p. 68.
b) Abduction de 10° à 45°	30 à 20	25 à 15	N	
c) Abduction de 45° à 90	20	15	N	N
d) Abduction jusqu'à 90° mais sans élévation possible	10	8	N	
Cicatrices du coude entravant l'extension complète ; extension limitée :				
a) A 135°	10	8	N	
b) A 90°	20	15	N	N
c) A 45°	40	30	N	
d) En deçà de 45° l'avant-bras étant maintenu en flexion à angle très aigu	50	40	60	N

	1919	1915	1831
	D. G.	D. (A) G. (P)	
Cicatrice du creux poplité entravant l'extension complète, extension limitée :	Pour 100.		
a) Entre 135° et 170°	30 à 10		
b) Entre 90° et 135°.	50 à 30	N	Voir n° 47, p. 68.
c) Jusqu'à 90° au moins.	50 à 60	60	
Cicatrices de la plante du pied, incurvant la pointe ou l'un des bords.	10 à 40	N	
Cicatrices douloureuses et ulcérées, suivant le siège, l'étendue et l'intensité des accidents	5 à 25		

XX. OSTÉOMYÉLITE CHRONIQUE

	1919	1915	1831
a) Fistule persistante unique ou multiple, rebelle à des interventions répétées avec os volumineux et irrégulier.	20 à 30	10 à 60	Voir n° 48, p. 69.
b) Cicatrisation, mais persistance d'un os volumineux, irrégulier, douloureux par place.	5 à 10		
Si, combinée à d'autres éléments : raccourcissement, déformation, atrophie musculaire, lésions nerveuses ou vasculaires, le pourcentage serait augmenté du taux afférent à ces divers éléments (V. ces mots).			

XXI. OSTÉITES TUBERCULEUSES

	1919	1915	1831
OSTÉITES TUBERCULEUSES			
Ostéites fistuleuses, sans lésions articulaires, après échec de tous les moyens de traitement; suivant le siège et l'étendue.	20 à 40	10 à 20	N

XXII. TUMEURS DE NATURES DIVERSES

	1919	1915	1831
OSTÉOMES			
a) Musculaires proprement dits	0		
Curabilité opératoire.			
b) Diffus péri-articulaire. Curabilité opératoire limitée ou nulle. . . .			
A apprécier suivant le degré de gêne articulaire.	Voir articulations.	Voir articulations.	Voir n° 49, p. 69.
Adénopathies tuberculeuses cervicales, axillaires, inguinales, curabilité opératoire, sinon :			
a) Adénopathies non suppurées, créant une gêne médiocre.	0 à 20		
b) Adénopathies suppurées et fistuleuses (lésions de la peau).	20 à 40	N	

XXIII. CANCER

	1919	1915	1831
a) Epithéliomas cutanés (frottements continus et irritations fréquentes), épithéliomas du scrotum chez les cavaliers, des régions scapulaires et du dos, des orteils; localisations professionnelles chez les ouvriers militaires.			
b) Epithéliomas des cicatrices.			
c) Epithéliomas dus aux rayons X.			
d) Ostéosarcomes, à développement rapide survenant à la suite d'une fracture, l'os étant presque toujours malade, antérieurement, sans qu'on le sache, mais la fracture étant le point de départ d'un accroissement considérable et rapide du néoplasme.		N { s'apprécient d'après la diminution de capacité de travail; les suites de l'intervention et le degré de cachexie	Voir la note du n° 31, p. 65, et n° 49, p. 69.
e) Autres tumeurs malignes et, en particulier, sarcomes.			
f) Cancer de l'estomac :			
a) Pour toutes ces tumeurs, lors de curabilité opératoire :			
Evaluation suivant les infirmités consécutives à l'opération (amputation de doigts, de segments de membres plus ou moins élevés, cicatrices adhérentes ou déformations cicatricielles, etc.),			
b) Lors de récidive opérable, même type d'évaluation.			
c) Lors de récidive inopérable ou de tumeur maligne inopérable suivant la gravité de l'état général et des troubles fonctionnels.	40 à 90		

XXIV. EXOSTOSES SOUS-CALCANÉENNES

	1919	1915	1831
	D. Pour 100. G.	D. (A) G. (P)	
Talalgie chronique consécutive	10 à 30	15 à 20	N
Si cette douleur permanente du talon était provoquée par une inflammation chronique des bourses séreuses sous et péri-calcanéennes, ou par une ostéite chronique localisée du calcanéum, même évaluation.			

XXV. SYPHILIS

	1919	1915	1831
A. — Syphilis professionnelle	50	N	
B. — Syphilis antérieure au service :			
Tabès (V. colonne vertébrale),			Voir n°s 10 et 11, p. 55.
Paralysie générale (V. cerveau).			Voir n°s 1 et 2, p. 53.
Anévrisme de l'aorte (V. aorte).			

XXVI. MALADIES CUTANÉES

	1919	1915	1831
Tuberculose cutanée primitive (évaluation de l'invalidité suivant les troubles fonctionnels).		N	Voir n° 49, p. 69.

XXVII. MALADIES EXOTIQUES

	1919	1915	1831
Paludisme chronique avec lésions viscérales	20 à 40	N	
Cachexie palustre	40 à 60	50 à 60	Voir n° 34, p. 63.
Cachexie palustre avec détérioration profonde de la constitution	60 à 90	50 à 70	
Trypanosomiase	60 à 90	60 à 80 [période terminale 100]	
Lèpre	30 à 90	30 à 50 [mutilante, très étendue 100]	Voir n° 16, p. 56.
[illegible]	10 à 50	N	
Eléphantiasis	30 à 90	30 à 50 [mutilante 100]	
Béribéri	40 à 90	60	
Bilharziose	60 à 90	N	Id.
Ulcères profonds	30 à 60	60 à 80	
Distomatose	30 à 90	N	

XXVIII. INTOXICATIONS

	1919	1915	1831
D'une manière générale, l'évaluation de l'invalidité consécutive aux intoxications est basée sur les lésions anatomiques et les phénomènes pathologiques qui en sont la conséquence.			
SATURNISME			
Goutte saturnine, troubles digestifs nettement accusés, anémie accentuée : suivant que ces manifestations toxiques sont isolées ou réunies, et plus ou moins accusées	10 à 30	N	N
NÉPHRITES			
a) Avec autres manifestations du saturnisme et notamment troubles nerveux et anémie	30 à 50	30 à 60	
b) Avec les mêmes troubles à un degré beaucoup plus accentué, associés à des complications oculaires (neuro-rétinite et entraînant la cachexie)	50 à 80	80 [encéphalopathie 80 à 100]	

XXIX. INFIRMITÉS CONSÉCUTIVES AUX ACCIDENTS PAR AGENTS PNYSIQUES ET CHIMIQUES

(FROID, CHALEUR, GAZ ASPHYXIANTS ET LACRIMOGÈNES, ÉLECTRICITÉ)

(V. chapitres respectifs des infirmités similaires).

NOTA. — Les chapitres XXVII Mycoses, XXVIII Sclérodermites, XXIX Troubles trophiques, XXX Dermites artificielles, XXXI Cancers cutanés, sont portés aux Guides Barèmes sans mention et chiffres. Les évaluations se font par assimilation aux autres infirmités, suivant la gêne fonctionnelle.

CONCLUSIONS MILITAIRES

Le rôle de l'expert ne s'arrête pas au choix du degré d'invalidité, mais partant de la nature d'une infirmité, de l'impotence fonctionnelle qu'elle engendre, de son incurabilité ou de sa curabilité, il lui faudra conclure avec logique au point de vue aptitude au service militaire. soit :

A. — *Élimination permanente de l'Armée.*
B. — *Élimination temporaire de l'Armée.*
C. — *Maintien dans l'Armée.*
Au titre du Service armé ou du Service auxiliaire.

La documentation de l'expert reposera sur la connaissance de la loi des pensions du 31 mars 1919, sur l'ordonnance du 11 avril 1831, sur la loi du 21 mars 1905 (Recrutement de l'Armée) modifiée par celle du 7 août 1913, sur l'étude de l'aptitude physique au service militaire (B. O. Vol. 68/2 arrêté à la date du 20 décembre 1916), et sur la connaissance du B. O. 68/4, Commission spéciale de réforme, enfin sur le règlement d'Administration publique annexé à la loi du 31 mars 1919.

De ces réglementations diverses nous en tirerons les déductions suivantes :

A. — *Élimination de l'Armée.*

Tout homme jugé hors d'état de faire un service actif est libéré des obligations militaires par décision de la Commission de réforme. Si l'infirmité ou la maladie reconnaissent comme origine ou présomption d'origine le service militaire, il y a lieu de décider d'une pension permanente ou temporaire selon les cas. Soit :

1° Réforme n° 1 permanente avec pension permanente, lorsque l'affection est incurable dans tous ses éléments, et le degré d'invalidité supérieur à 10 pour 100.

2° Réforme n° 1 permanente sans pension, lorsque l'affectation est incurable, mais présente un taux d'invalidité inférieur à 10 pour 100.

3° Réforme n° 1 permanente avec pension temporaire pour 2 ans, lorsque l'affection n'est pas incurable, et lorsque le taux d'invalidité est supérieur à 10 pour 100.

B. — *Elimination temporaire pour un an.*

Cette élimination prend le nom de réforme temporaire et se divise en :

1° Réforme temporaire n° 1 sans pension, lorsque l'invalidité est inférieure à 10 pour 100 et susceptible d'évoluer en un an, généralement dans le sens de l'amélioration.

2° Réforme temporaire n° 1 avec pension, lorsque l'invalidité est supérieure à 10 pour 100 et évolutive par sa nature dans l'année.

Maintien dans l'Armée (S. A. X.).

Maintien dans l'armée avec pension au moment de la libération par classement, soit dans le service armé, soit le plus souvent dans le service auxiliaire. Nous nous arrêterons au classement dans le Service auxiliaire, qui parfois est mal connu.

Le classement dans le service auxiliaire est indiqué lorsque l'infirmité ne présente pas la gravité suffisante pour déterminer la réforme. Cependant si cette infirmité reconnaît comme origine un fait de service elle peut justifier une pension permanente ou temporaire selon son degré de curabilité.

Les Médecins-Experts examineront, par application de la Circulaire Ministérielle 811 Ci/7 C.C.M. du 11 juin 1917, un très grand nombre d'hommes du service auxiliaire, blessés de guerre, pour lesquels la libération est intervenue avant que la solution médico-légale indiquant le degré de gravité de leur infirmité ait été prise. Pour quelques-uns de ces anciens militaires, les lésions ont pu s'aggraver à tel point qu'il faudra prononcer la transformation du service auxiliaire en réforme.

Afin de juger en toutes connaissances nous donnerons quelques indications sur le service auxiliaire.

D'après les lois de 1905 et de 1913, doivent être versés dans le service auxiliaire les jeunes gens dont l'état physique est suffisant pour qu'ils servent dans l'armée, mais qui présentent une tare accidentelle ou congénitale les empêchant de faire du service armé.

L'infirmité doit être relative sans que la constitution générale soit douteuse.

On n'oubliera pas comme parfois on le fit, que les militaires du service auxiliaire appartiennent à l'armée, et ne sont pas un déchet de l'armée; plus de classement dans cette catégorie pour endocardite compensée, pour sommets douteux, pour épilepsie, etc.

Suivons l'aptitude physique, quelques cas nous renseigneront.

1° *Rhumatismes* — Service auxiliaire lorsqu'ils n'apportent aucune gêne notable dans les fonctions et ne déterminent aucune altération organique.

2° *Albuminurie.* — Service auxiliaire lorsqu'elle est légère sans troubles fonctionnels, sans rétention azotée ou chlorurée, sans dépôt dans les urines d'hématies ou de cylindres, sans néphrite confirmée.

3° *Cicatrices.* — Service auxiliare, lorsqu'elles sont peu étendues, peu gênantes, sans adhérence aux organes profonds, sans gêne fonctionnelle importante.

4° *Contractures avec gêne des mouvements.* — Service auxiliaire lorsqu'elles ne sont pas symptomatiques de lésions nerveuses.

5° *Tremblements.* — Service auxiliaire lorsqu'ils ne sont pas accentués au point d'entraver le travail.

Lorsque les tremblements sont d'origine toxique, infectieuse, névrosique ou névropathique ils peuvent suivant leurs caractères justifier soit le classement dans le service auxiliaire soit la réforme temporaire. Les tremblements d'origine commotionnelle permettront à l'expert de conclure à la réforme.

6° *Ostéomes.* — Ruptures musculaires. Adhérences et rétractions musculaires. Atrophies musculaires. Arthrites non bacillaires. Service auxiliaire lorsque ces affections n'entraînent pas la perte ou la diminution définitive de fonctions importantes.

7° *Raideurs articulaires et déformation.* — Service auxiliaire suivant l'articulation intéressée et la *gêne fonctionnelle* qui en résulte.

8° *Organes de l'audition.* — Service auxiliaire si la voix chuchotée est entendue à 12 centimètres, la voix haute à 1 m. 25, la voix de commandement à 2 m. 50.

9° *Larynx.* — Service auxiliaire si on constate des paralysies unilatérales, mais en tenant compte de la nature bactériologique de la lésion (les cas de tuberculose laryngée doivent éliminer de l'armée sans hésitation possible).

10° *Déviations du rachis.* — Service auxiliaire lorsqu'elles sont peu prononcées, non tuberculeuses, sans gêne importante des mouvements.

11° *Rein mobile.* — Service auxiliaire lorsqu'il est peu descendu, sans hypertrophie anormale, sans pyurie.

12° *Déviation des membres.* — Service auxiliaire si elles n'apportent pas une gêne réelle dans la fonction du membre.

13° *Doigts.* — (Il est indispensable de relire en entier les articles 208 et 209 du règlement sur l'aptitude physique).

Entraînent le service auxiliaire :

a) La perte du pouce sans son métacarpien, sauf si cette infirmité est le fait du service commandé, dans ce cas elle est considérée comme entraînant l'incapacité de servir et entraîne la pension permanente (Loi de 1831).

b) Perte d'une ou deux phalanges de l'index avec ankylose des articulations conservées.

c) Perte totale de deux des trois derniers doigts. Cependant d'après la loi de 1831 si l'infirmité est consécutive à un fait de service, l'ablation de deux doigts avec raideur des doigts conservés accorde une invalidité permanente de 6e classe. Faites très attention car il est indispensable pour que le mutilé ait droit à une 6e classe qu'il existe réellement une raideur notable des doigts conservés (Voir page 93).

d) Perte simultanée de trois phalanges intéressant l'index et le médius de la même main.

e) Raideur des doigts n'apportant pas une gêne notable aux fonctions de la main.

14° *Orteils.* — La décision dépend uniquement de la nature de l'impotence fonctionnelle. L'article 218 de l'aptitude physique dit que la perte totale des orteils d'un pied est compatible avec le service auxiliaire.

Cependant, d'après le numéro 66 de l'échelle de gravité de 1831, il y aura lieu de prononcer une pension définitive avec réforme et degré d'invalidité de 6e classe si l'infirmité est due à un fait de service ou de guerre.

Nota. — **Pithiatisme.** — L'expert éprouve de grandes difficultés lorsqu'il s'agit de conclure en faveur d'un pithiatique, nous lui rappelons que les attitudes vicieuses, d'après le règlement sur l'aptitude physique, indiquent le classement dans le service auxiliaire lorsqu'elles n'entravent pas notablement la fonction.

Les différents rapports des neurologistes n'arrivent pas, étant donné la complexité de la question, à conduire l'expert vers une conclusion ferme, car chaque cas d'espèce a sa solution propre sans parti pris. Cependant, à notre avis, actuellement certains troubles pithiatiques doivent être considérés comme ayant engendré des infirmités consolidées par l'habitude d'attitudes vicieuses dues au manque d'usage, à la volonté déficiente du sujet ou encore à l'échec du traitement approprié. Lorsque ces attitudes vicieuses seront de vieille date, et non susceptibles de s'améliorer suffisamment, l'expert sera en droit de prononcer une réforme, mais avec pension temporaire.

La Société de Neurologie de Paris avait donné comme indication que le degré d'invalidité résultant d'infirmités pithiatiques pouvait varier de 0 à 20, cependant il ne faut pas perdre de vue que chaque cas déterminé engendre sa solution spéciale.

Le guide-barème de 1915, à son chapitre « Névrose traumatique » spécifie que dans les cas rebelles d'hystéro-traumatisme, de sinistrose, consistant principalement en paralysies, contractures, tremblements, l'incapacité temporaire peut osciller de 20 à 60 pour 100.

« Lorsque les phénomènes observés sont de ceux pour lesquels la persuasion bien conduite n'a aucune action, et qu'ils se traduisent par du dépérissement, de la maigreur, des troubles digestifs graves, de l'insomnie, il y a lieu d'indemniser beaucoup plus largement soit... 60 à 80 pour 100.

« Si la névrose atteint le degré de démence, l'incapacité devient absolue... 100 pour 100. »

Il est à remarquer qu'en expertises civiles les auteurs les plus compétents se différencient dans leurs modes d'appréciation. Brissaud considère les névroses traumatiques comme entraînant une invalidité de 10 pour 100. Vibert au contraire s'appuie uniquement sur le trouble apporté au fonctionnement de l'individu, et fixe le degré de l'incapacité comme si elle était de nature organique. Ollive et le Meignen partagent cet avis. C'est aussi l'opinion soutenue par M. le professeur Pitres de Bordeaux.

Si la guérison est possible elle peut ne jamais venir.

Quoi qu'il en soit, à défaut d'être mieux informé, l'expert militaire est cependant dans l'obligation de conclure.

L'indemnisation pour être équitable doit être temporaire, c'est l'opinion de tous les auteurs, puisque l'affection est évolutive.

En résumé : le pithiatisme pourrait prêter aux solutions suivantes, en rapport direct avec l'invalidité en cause et son ancienneté.

1° Pithiatisme avec gêne fonctionnelle de 10 pour 100, et,

au-dessous, service armé ou service auxiliaire selon l'aptitude physique.

S'il y a lieu à pension, c'est-à-dire si l'invalidité est au minimum de 10 pour 100, proposer une pension temporaire. En cas d'aggravation, le malade peut user du recours que lui permet la loi (Voir page 14).

2° Pithiatisme remontant à plus d'un an avec échec absolu ou partiel de traitement, et engendrant le degré d'invalidité au-dessus de 10 pour 100, conclure en faveur d'une réforme temporaire n° 1.

3° Pithiatisme très ancien, remontant au moins à plus de deux ans, après échec du traitement approprié avec incapacité variant de 10, 20, 30 pour 100 et au-dessus, selon l'état de consolidation des attitudes vicieuses, proposer une réforme n° 1 avec pension temporaire, mais être très prudent.

Il ne faut pas oublier, c'est l'avis des neurologistes les plus éminents, que certains de ces infirmes peuvent s'améliorer dans la vie civile par le fait de changement de milieu, de nouvelle ambiance psychologique, de rééducation forcée au travail et imposée par les besoins de l'existence.

D'ailleurs, d'après la loi, si l'affection présente au bout de 4 ans une invalidité d'au moins encore 10 pour 100, la pension paraît devoir devenir définitive.

Maintien au service armé avec ou sans pension.

Aucun homme ne peut être affecté au service armé si sa constitution n'est pas robuste ; cependant certaines défectuosités physiques avec degré d'invalidité légère, ne mettent pas obstacle au maintien dans l'armée au titre du service armé.

Il appartient aux commandants de recrutement de répartir les militaires dans les différentes armes, suivant leurs aptitudes physiques et professionnelles (Extrait du Règlement sur l'Aptitude physique).

Le médecin, car ceci est de sa compétence, donne son avis sur les changements d'armes lorsque les commissions ont à statuer (Voir page 11).

Infanterie. — L'aptitude à l'infanterie comporte :

L'aptitude à la marche, la bonne conformation des membres inférieurs.

L'aptitude au maniement d'armes.

Une acuité visuelle se rapprochant de la normale; au moins pour l'un des yeux.

Une acuité auditive se rapprochant autant que possible de la normale au moins pour une oreille.

Nous rappelons que la voix de commandement, c'est-à-dire la voix « criée », doit être entendue à 10 mètres au minimum.

Cavalerie. — L'aptitude à la cavalerie comporte :

L'aptitude à l'équitation.

La conformation des jambes et des pieds peuvent n'être pas irréprochables.

Une acuité visuelle se rapprochant autant que possible de la normale au moins pour l'un des deux yeux et un champ visuel assez étendu.

Une acuité auditive se rapprochant autant que possible de la normale.

Ainsi pourront être classées dans la cavalerie :

Certaines fractures des membres supérieurs, n'entravant que faiblement la fonction du membre, sans raideurs articulaires. Il en est de même de l'amputation d'orteils et des affaiblissements de la voûte plantaire.

Artillerie. — 1° *Artillerie à pied* et batteries de montagne :

Aptitude à la marche.

Aptitude aux manœuvres de force.

2° *Conducteurs des. batteries montées* et servants des batteries à cheval :

Aptitude à l'équitation.

Aptitude aux manœuves de force.

Train des Équipages militaires.

Aptitude à la cavalerie et aux manœuvres de force. Cependant les hommes à aptitude restreinte à la cavalerie pourront être affectés à la conduite en guide ou au service automobile.

Ouvriers d'artillerie et d'administration, infirmiers militaires.

On pourra se montrer moins sévère en ce qui concerne certaines défectuosités physiques qui ne seraient pas compatibles avec le service de l'infanterie, de la cavalerie et de l'artillerie. Les infirmiers devront être choisis parmi les hommes vigoureux.

Affections permettant le classement dans le service armé.

Nous mentionnons les principales, leur nomenclature servira de guide à l'expert. (Nous suivons le Règlement sur l'Aptitude physique) :

1° *Affections de la peau* (eczémas, psoriasis, ichtyose)..
Lorsqu'elles ne sont pas rebelles à tout traitement.

2° *Cicatrices.*
Lorsqu'elles n'entravent pas gravement le fonctionnement des organes et ne compromettent pas les mouvements des membres; en réalité lorsqu'elles sont peu étendues et peu gênantes.

3° *Varices.*
Les varices et fistules lymphatiques n'entraînent l'exemption ou la réforme que si elles sont très développées et situées de façon à ne pas gêner notablement les fonctions d'un membre ou d'un organe [1].

1. Elles ne doivent jamais avoir provoqué de phlébite.

4° *Tumeurs de la tête.*

Les tumeurs bénignes des parties molles du crâne sont compatibles avec le service armé lorsqu'elles sont peu volumineuses, non douloureuses, et permettent le port de coiffures réglementaires.

5° *Organes de l'audition.*

a) L'acuité auditive pour permettre le maintien au service armé doit être telle que :

La voix chuchotée avec l'air résidual doit être entendue à 0 m. 50.

La voix haute doit être entendue entre 4 et 5 mètres.

La voix de commandement doit être entendue à 10 mètres.

b) Déformation du pavillon.

Les déformations du pavillon ne doivent être considérées qu'en tant qu'elles altèrent l'acuité auditive.

c) Lésions inflammatoires de l'oreille externe :

Les inflammations aiguës ou chroniques de l'oreille externe (pavillon et conduit) sont compatibles avec le service armé.

d) Oreille moyenne :

Les perforations cicatrisées sans ostéites, sans cholestéatome, avec écoulement muqueux ou muco-purulent sont compatibles avec le service armé. (Tenir compte de l'acuité auditive.)

6° *Organes de la vision.*

L'aptitude au service armé exige une acuité visuelle supérieure ou tout au moins égale à 1/2 pour un œil et 1/20e pour l'autre œil, après correction, s'il y a lieu, par les verres sphériques, par les verres cylindriques simples et par les verres sphéro-cylindriques[1].

En résumé il y aura lieu surtout de tenir compte du degré d'acuité visuelle après correction, exception faite pour les lésions de la rétine de la choroïde du nerf optique qui le plus souvent déterminent la réforme....

1. Voir les cas de Réforme avec pension aux numéros 20 et 21 de l'Échelle de Gravité.

7° *Bouche :*

L'exemption et la réforme ne peuvent être prononcées que si la mastication est difficile et incomplète par suite de la perte ou de l'altération d'un grand nombre de dents et si ce mauvais état de la denture s'accompagne de ramollissement, d'ulcérations et d'état fongueux des gencives non susceptibles de guérison par un traitement approprié (Voir page 35, suivre ces indications).

8° *Affections organiques du cœur :*

Nous appelons l'attention des experts de ne pas commettre cette erreur qui fut si fréquente pendant la guerre, et contraire à l'article 152 de l'aptitude physique de maintenir au service armé des lésions orificielles, des lésions chroniques du myocarde, des symphyses cardiaques sous prétexte qu'elles paraissaient compensées.

9° *Abdomen :*

La hernie inguinale, uni ou bilatérale simple (pointe de hernie, bubonocèle facile à réduire et à maintenir) est compatible avec le service armé; il en est de même pour la hernie inguinale avec ectopie testiculaire orificielle, quand le testicule peut être abaissé au-dessous de l'orifice externe et facilement maintenu en ce point par un bandage en fourche.

10e *Urètre. Vices de conformation :*

L'hypospadias ne motive pas l'exemption lorsque l'ouverture du canal est située immédiatement en arrière de la base du gland, que l'urine peut être projetée à distance et que le méat est assez large pour que la miction s'accomplisse sans difficulté. Il en est de même pour l'hypospadias balanique.

11° *Testicules :*

La perte ou l'atrophie d'un testicule, l'autre restant sain, est compatible avec le service armé.

12° *Membres supérieurs :*

Aux membres supérieurs il y a lieu de faire une distinction

entre le membre actif et le membre passif. Telle infirmité qui à droite entraînerait l'exemption peut au contraire à gauche déterminer le classement soit dans le service armé, soit dans le service auxiliaire.

a) Mutilation des doigts :

La perte de l'index est compatible avec le service armé[1].

La perte partielle de l'index avec intégrité des mouvements des articulations conservées est également compatible avec le service armé.

La perte simultanée d'une phalange de l'index, du médius et de l'annulaire est compatible avec le service armé d'après le règlement sur l'aptitude physique.

La flexion permanente de l'auriculaire est compatible avec le service armé.

13° *Membres inférieurs :*

Amputation du 1er et du 2e orteil : service armé (Circ. mensuelle C. C. M. 1er août 1918) à condition toutefois que la fonction du pied ne soit pas entravée.

TAUX DE LA PENSION ET RÉÉDUCATION

D'après la loi du 2 janvier 1918, en aucun cas, le taux de la pension ne peut être réduit du fait de la rééducation professionnelle et de la réadaptation au travail.

1. A condition que les autres doigts aient conservé leur fonctionnement normal.

CONCLUSIONS MÉDICO-LÉGALES DU CERTIFICAT

Par application de la circulaire ministérielle 828 CI/7 du 7 juin 1919, les experts emploieront les formules suivantes, modifiant celles de la notice 5 du Règlement du Service de santé à l'intérieur.

A. — **En ce qui concerne l'indemnisation** [1].

1° — L'infirmité ou la maladie est ou n'est pas incurable (selon les cas).

2° — Elle peut (ou elle ne peut pas) médicalement parlant résulter directement ou par aggravation des faits de service spécifiés aux pièces d'origine (ou invoqués par l'intéressé).

3° — Elles occasionnent une invalidité temporaire (ou permanente) de....

Si elle présente en tous ses éléments les caractères d'invalidité requis par la loi de 1831.

4° — Elle peut être rangée dans la ... classe de l'Echelle de Gravité sous le n° .

B. — **En ce qui concerne l'aptitude physique les experts choisiront selon le cas l'une des formules suivantes** :

a. — Pour l'invalidité occasionnant l'inaptitude définitive, c'est-à-dire la réforme définitive.

Elles mettent l'intéressé hors d'état de servir et de rentrer ultérieurement au service.

b. — Pour l'invalidité occasionnant une invalidité temporaire, c'est-à-dire motivant une réforme temporaire.

1. Les conclusions pour infirmités multiples sont celles de la Circulaire 723 Ci/7.

Elles mettent l'intéressé hors d'état de servir actuellement mais non de rentrer ultérieurement au service.

c. — Pour les infirmités n'occasionnant qu'une inaptitude partielle, c'est-à-dire susceptibles de motiver un maintien dans l'armée soit au titre du service armé avec ou sans changement d'arme, soit au titre du service auxiliaire.

Elles mettent l'intéressé hors d'état de servir actuellement dans l'arme à laquelle il appartient, mais permettent cependant en raison de sa constitution de l'utiliser de préférence (*indiquer l'arme*).

Ou bien :

Elles mettent l'intéressé hors d'état de servir actuellement dans l'arme à laquelle il appartient mais permettent cependant en raison de sa constitution de l'utiliser dans le service auxiliaire.

Attribution de secours.

(*Infirmités hors service.*)

Si l'infirmité est étrangère au service, l'expert peut proposer pour les aveugles et les amputés l'attribution d'un secours. (Article 259 du Règlement du Service de santé).

TABLEAUX ANNEXÉS

TABLEAU I. — Pensions d'invalidité.

Armées de terre et de mer. — Officiers.

GRADES.			TAUX D'INVALIDITÉ.																		
			10 %	15 %	20 %	25 %	30 %	35 %	40 %	45 %	50 %	55 %	60 %	65 %	70 %	75 %	80 %	85 %	90 %	95 %	100 %
			francs	francs	francs	francs	francs	francs	francs	francs	francs	francs	francs	francs	francs	francs	francs	francs	francs	francs	francs
Général de division	Vice-amiral		1.260	1.890	2.520	3.150	3.780	4.410	5.040	5.670	6.300	6.930	7.560	8.190	8.820	9.450	10 080	10.710	11.340	11.970	12.600
Général de brigade	Contre-amiral		1.020	1.530	2.040	2.550	3.060	3.570	4.080	4.590	5.100	5.610	6.120	6.630	7.140	7.650	8.160	8.670	9.180	9.690	10.200
Colonel	Capitaine de vaisseau		840	1.260	1.680	2.100	2.520	2.940	3.360	3.780	4.200	4.620	5.040	5.460	5.880	6.300	6.720	7.140	7.560	7.980	8.400
Lieutenant-colonel	Capitaine de frégate		680	1.020	1.360	1.700	2.040	2.380	2.720	3.060	3.400	3.740	4.080	4.420	4.760	5.100	5.440	5.780	6.120	6.460	6.800
Chef de bataillon	Capitaine de corvette	2e échelon	625	938	1.250	1.563	1.875	2.188	2.500	2.813	3.125	3.438	3.750	4.063	4.375	4.688	5.000	5.313	5.625	5.938	6.250
		1er échelon	575	863	1.150	1.438	1.725	2.013	2.300	2.588	2.875	3.163	3.450	3.738	4.025	4.313	4.600	4.888	5.175	5.463	5.750
Capitaine	Lieutenant de vaisseau	4e échelon	515	773	1.030	1.288	1.545	1.803	2.060	2.318	2.575	2.833	3.090	3.348	3.605	3.863	4.120	4.378	4.635	4.893	5.150
		3e échelon	490	735	980	1.225	1.470	1.715	1.960	2.205	2.450	2.695	2.940	3.185	3.430	3.675	3.920	4.165	4.410	4.655	4.900
		2e échelon	465	698	930	1.163	1.395	1.628	1.860	2.093	2.325	2.558	2.790	3.023	3.255	3.488	3.720	3.953	4.185	4.418	4.650
		1er échelon	440	660	880	1.100	1.320	1.540	1.760	1.980	2.200	2.420	2.640	2.860	3.080	3.300	3.520	3.740	3.960	4.180	4.400
Lieutenant	Enseigne de vaisseau de 1re classe	4e échelon	420	630	840	1.050	1.260	1.470	1.680	1.890	2.100	2.310	2.520	2.730	2.940	3.150	3.360	3.570	3.780	3.990	4.200
		3e échelon	400	600	800	1.000	1.200	1.400	1.600	1.800	2.000	2.200	2.400	2.600	2.800	3.000	3.200	3.400	3.600	3.800	4.000
		2e échelon	385	578	770	963	1.155	1.348	1.540	1.733	1.925	2.118	2.310	2.503	2.695	2.888	3.080	3.273	3.465	3.658	3.850
		1er échelon	365	548	730	913	1.095	1.278	1.460	1.643	1.825	2.008	2.190	2.373	2.555	2.738	2.920	3.103	3.285	3.468	3.650
Sous-lieutenant	Enseigne de vaisseau de 2e classe	2e échelon	360	540	720	900	1.080	1.260	1.440	1.620	1.800	1.980	2.160	2.340	2.520	2.700	2.880	3.060	3.240	3.420	3.600
		1er échelon	300	450	600	750	900	1.050	1.200	1.350	1.500	1.650	1.800	1.950	2.100	2.250	2.400	2.550	2.700	2.850	3.000
	Aspirant de marine		280	420	560	700	840	980	1.120	1.260	1.400	1.540	1.680	1.820	1.960	2.100	2.240	2.380	2 520	2.660	2.880

TABLEAU III. — **Pensions d'invalidité.**

Armée de terre. — Sous-officiers et soldats.

GRADES.	TAUX D'INVALIDITÉ.																		
	10 %	15 %	20 %	25 %	30 %	35 %	40 %	45 %	50 %	55 %	60 %	65 %	70 %	75 %	80 %	85 %	90 %	95 %	100 %
	francs	francs	francs	francs	francs	francs	francs	francs	francs	francs	francs	francs	francs	francs	francs	francs	francs	francs	francs
Adjudant chef .	260	390	520	650	780	910	1.040	1.170	1.300	1.430	1.560	1.690	1.820	1.950	2.080	2.210	2.340	2.470	2.600
Adjudant . . .	255	383	510	638	765	893	1.020	1.148	1.275	1.403	1.530	1.658	1.785	1.913	2.040	2.168	2.295	2.423	2.550
Aspirant. . . .	252	378	504	630	756	882	1.008	1.134	1.260	1.386	1.512	1.638	1.764	1.890	2.016	2.142	2.268	2.394	2.520
Sergent-major.	249	374	498	623	747	872	996	1.121	1.245	1.370	1.494	1.619	1.743	1.868	1.992	2.117	2.241	2.366	2.490
Sergent	246	369	492	615	738	861	984	1.107	1.230	1.353	1.476	1.599	1.722	1.845	1.968	2.091	2.214	2.337	2.460
Caporal	243	365	486	608	729	851	972	1.094	1.215	1.337	1.458	1.580	1.701	1.823	1.944	2.066	2.187	2.309	2.430
Soldat.	240	360	480	600	720	840	960	1.080	1.200	1.320	1.440	1.560	1.680	1.800	1.920	2.040	2.160	2.280	2.400

TABLE DES MATIÈRES

83298. — Paris, imprimerie Lahure, 9, rue de Fleurus.

" COLLECTION HORIZON "

CHACUN DES VOLUMES DE CETTE COLLECTION EST MIS EN VENTE AU PRIX DE 4 FRANCS

Il existe une édition anglaise de tous les volumes marqués par une *,
(En vente, à Paris, chez MASSON et Cie, Éditeurs.)

VOLUMES EN VENTE

Accidents du Travail *des ouvriers des usines et établissements de la guerre.* — par VALLAT.

Les premières heures du Blessé de guerre. *Du trou d'obus au poste de secours,* — par P. BERTEIN et A. NIMIER.

L'Évolution de la Plaie de guerre. *Mécanismes biologiques fondamentaux,* par A. POLICARD.

Syphilis. Paludisme. Amibiase. *Cures initiales et blanchiment,* par P. RAVAUT. Préface du Pr F. WIDAL.

* **La Fièvre typhoïde et les Fièvres paratyphoïdes,** — par H. VINCENT et L. MURATET. (*Deuxième édition.*)

Traitement des Psychonévroses *de guerre,* — par G. ROUSSY, J. BOISSEAU et M. d'ŒLSNITZ.

* **Hystérie - Pithiatisme et Troubles nerveux d'ordre réflexe** *en Neurologie de guerre,* — par J. BABINSKI et J. FROMENT.

Commotions et Émotions de guerre, — par André LÉRI.

* **Troubles mentaux de guerre,** — par Jean LÉPINE.

Blessures de la Moelle et de la Queue de cheval, — par les Drs G. ROUSSY et J. LHERMITTE. Préface du Pr PIERRE MARIE.

* **Formes cliniques des Lésions des Nerfs,** — par Mme ATHANASSIO-BENISTY. Préface du Pr PIERRE MARIE. (*2e édition.*)

* **Blessures du Cerveau.** *Formes cliniques,* — par CHARLES CHATELIN. Préface du Pr PIERRE MARIE. (*Deuxième édition.*)

* **Blessures du Crâne.** *Traitement opératoire des plaies du Crâne,* — par T. DE MARTEL. (*Deuxième édition revue.*)

* **Plaies de la Plèvre et du Poumon,** — par R. GRÉGOIRE et COURCOUX.

La Suspension dans le Traitement des Fractures. *Appareils Anglo-Américains*, — par P. DESFOSSES et CHARLES-ROBERT.

Gun-Shot Fractures of the Extremities, — by JOSEPH A. BLAKE. (Texte anglais.)

* **Traitement des Fractures,** — par R. LERICHE. (2 *volumes*.)
TOME I. — *Fractures articulaires* (97 *figures*). (2e *édit.*)
TOME II (et dernier). — *Fractures diaphysaires.* (*Épuisé.*)

* **Otites et Surdités de guerre.** *Diagnostic; Traitement; Expertises,* — par les Drs H. BOURGEOIS et SOURDILLE.

* **Les Fractures de l'Orbite** *par Projectiles de guerre,* — par Félix LAGRANGE. (77 *fig. dans le texte et* 6 *planches hors texte.*)

* **Les Blessures de l'abdomen,** — par J. ABADIE (d'Oran), avec Préface du Dr J.-L. FAURE. (*Deuxième édition revue.*)

* **Localisation et extraction des projectiles,** — par OMBRÉDANNE et R. LEDOUX-LEBARD. (*Deuxième édition.*)

* **Électro-diagnostic de guerre.** *Clinique. Conseil de réforme. Technique et interprétation,* par A. ZIMMERN et P. PEROL.

Dr DUCROQUET

Chirurgien orthopédiste de l'Hôpital Rothschild

Prothèse fonctionnelle

Un volume in-8 de 236 pages, avec 218 figures originales. . . **5 fr.**

Il ne suffit pas d'envoyer un ancien blessé de guerre chez l'orthopédiste pour qu'il y trouve l'appareil à sa convenance : le rôle du médecin est de le guider de ses conseils et d'adapter à sa situation physique l'instrument qui lui est nécessaire.

Ce livre servira de guide aux nombreux médecins qui seront consultés pour séquelles de guerre.

Leçons de
Chirurgie de guerre

PUBLIÉES SOUS LA DIRECTION DE CL. REGAUD

Par MM. GUILLAIN, JEANBRAU, LECÈNE, LEMAITRE, LERICHE, MAGITOT, MOCQUOT, NOGIER, OKINCZYC, PIOLLET, POLICARD ROUX-BERGER TISSIER

Un volume grand in-8 de 396 p. avec fig. dans le texte. . . . **9 fr.**

Dr A. MARTIN

Prothèse du Membre Inférieur

Un volume de 112 pages avec figures dans le texte. . . . . . . **5 fr.**

Paul ALQUIER *J. TANTON*

Appareillage dans les Fractures de Guerre

1 vol. in-8 de 250 pages avec 182 figures . . . . **7 fr. 50**

Henri HARTMANN

Professeur de Clinique chirurgicale.

Les Plaies de guerre

Un volume gr. in-8 de 200 pages avec 58 figures . . . . **8 fr.**

Dr G. VALOIS

Membre de la Société d'Ophtalmologie de Paris.

Les Borgnes de la guerre

1 vol. gr. in-8 de 224 p. avec fig. dans le texte et 25 planch. orig. **12 fr.**

Félix LAGRANGE

Professeur à la Faculté de médecine de Bordeaux.

Atlas d'Ophtalmoscopie de guerre

1 vol. gr. in-8 de 188 pages et 100 planches . . . . **35 fr.**

COURTOIS-SUFFIT
Médecin des Hôpitaux.

René GIROUX
Interne Pr. des Hôpitaux.

La Cocaïne

Étude d'Hygiène sociale et de Médecine légale

1 *vol. in-8 de 228 pages* . . . . 4 fr.

Drs *A. DOLÉRIS et J. BOUSCATEL*

Néo-Malthusianisme Maternité et Féminisme Education sexuelle

1 *volume in-8 de 262 pages* . . . . 4 fr. 50

Dr *Francis HECKEL*

La Névrose d'Angoisse

et les Etats d'émotivité anxieuse

1 *vol. gr. in-8 de 535 pages* . . . . 9 fr.

Drs *DEVAUX et LOGRE*

Les Anxieux (Étude clinique)

1 *vol. in-8 de 256 pages*. . . . . 4 fr. 50

A. POROT
Anc. Chef de Clin. à la Faculté de Lyon.

A. HESNARD
Anc. Assis. de Psychiatrie à l'Univ. de Bordeaux.

L'Expertise Mentale Militaire

1 *vol. in-8 écu de 138 pages* . . . . 4 fr.

Ét. MARTIN

Professeur à la Faculté de Lyon.

Déontologie et Médecine professionnelle

Un volume de 316 *pages* . . . . **5** fr.

G. WEISS

Professeur à la Faculté de Paris.

Physique biologique

4e *édition*, 566 *pages*, 575 *figures* . . . . **10** fr.

L. BARD

Professeur de clinique médicale à l'Université de Genève.

Examens de Laboratoire employés en Clinique

3e *édition revue.* 1 *vol. in-*8 *de* 830 *pages avec* 162 *figures* . . **14** fr.

P. POIRIER

Professeur d'anatomie à la Faculté.

Amédée BAUMGARTNER

Ancien prosecteur

Dissection

3e *édition*, 360 *pages*, 241 *figures* . . . . *En réimpression.*

M. LETULLE

Professeur à la Faculté de Paris.

L. NATTAN-LARRIER

Ancien chef de Laboratoire à la Faculté.

Anatomie Pathologique

TOME I. — *Histologie générale. App. circulatoire, respiratoire.* 940 *pages*, 248 *figures originales.* . . . . **16** fr.

M. LANGERON

Préparateur à la Faculté de Médecine de Paris.

Microscopie

2e *édition*, 820 *pages*, 292 *figures* . . . . *En réimpression.*

V. MORAX

Ophtalmologiste de l'hôpital Lariboisière.

Ophtalmologie

2e *édition*, 768 *pages*, 427 *figures* . . . . **14** fr.

J. DEJERINE

Professeur de clinique des maladies nerveuses à la Faculté de Médecine de Paris,
Médecin de la Salpêtrière, Membre de l'Académie de Médecine

Sémiologie des Affections du Système nerveux

1 *fort vol. grand in-8 de* 1212 *pages avec* 560 *figures en noir et en couleurs et* 3 *planches hors texte en couleurs. Relié toile* . . **40** fr.

Relié en 2 *volumes* . . . . **44** fr.

La Pratique Neurologique

PUBLIÉE SOUS LA DIRECTION DE PIERRE MARIE

Professeur à la Faculté de Médecine de Paris, Médecin de la Salpêtrière.

PAR MM.

O. CROUZON, G. DELAMARE, E. DESNOS, G. GUILLAIN, E. HUET, LANNOIS, A. LÉRI, F. MOUTIER, POULARD, ROUSSY

1 *vol. gr. in-8 de* 1408 *pages avec* 302 *fig. Relié toile* . . . . **30 fr.**

Gustave ROUSSY
Professeur agrégé à la Faculté de Paris.

Jean LHERMITTE
Ancien chef de laboratoire à la Faculté

Les Techniques anatomo-pathologiques du Système nerveux

1 *vol. petit in-8 de* 272 *pages avec figures, cartonné toile*. . . **5 fr.**

Ouvrages du Docteur MARTINET

Thérapeutique Usuelle des Maladies de l'Appareil respiratoire

1 vol. in-8 de 300 pages avec fig., broché . . . . **3 fr. 50**

Clinique et Thérapeutique circulatoire

1 vol. in-8 de 584 pages avec 222 fig. dans le texte . . . . . . **12 fr.**

Pressions artérielles et Viscosité sanguine

1 vol. in-8 de 273 pages avec 102 fig. en noir et en couleurs . . **7 fr.**

Les Médicaments usuels

Cinquième édition revue . . . . *Sous presse.*

Les Aliments usuels

1 vol. in-8 de 360 pages avec fig. Deuxième édition revue . . . **4 fr.**

Thérapeutique Usuelle des Maladies de la Nutrition

1 vol. in-8 de 429 pages, en collaboration avec le Dr Legendre . **5 fr.**

Les Régimes usuels

1 vol. in-8 de 438 pages, en collaboration avec le Dr Legendre. **5 fr.**

DANS LA MÊME COLLECTION :

Clinique hydrologique

1 vol. in-8 de 646 pages . . . . **7 fr.**

Les Agents physiques usuels

1 vol. in-8 de 650 pages avec 170 fig. et 3 planches hors texte . . . **8 fr.**

Ch. BOUCHARD
Professeur honoraire de pathologie générale
Membre de l'Académie des Sciences.

G.-H. ROGER
Professeur de pathologie expérimentale
Membre de l'Académie de Médecine.

Nouveau Traité de Pathologie générale

Quatre volumes grand in-8, avec nombreuses figures dans le texte, reliés toile.

Volumes parus :

TOME I. — 1 *vol. gr. in-8 de* 909 *pages, relié toile* . . . . . . **22** fr.

COLLABORATEURS DU TOME I : **Ch. ACHARD, J. BERGONIÉ, P.-J. CADIOT et H. ROGER, P. COURMONT, M. DUVAL et P. MULON, A. IMBERT, J.-P. LANGLOIS, P. LE GENDRE, F. LEJARS, P. LENOIR, Th. NOGIER, H. ROGER, P. VUILLEMIN.**

TOME II. — 1 *vol. gr. in-8, de* 1174 *pages,* 204 *fig. Relié toile.* **28** fr.

COLLABORATEURS DU TOME II : **Fernand BEZANÇON, E. BODIN Jules COURMONT, Jules GUIART, A. ROCHAIX, G.-H. ROGER, Pierre TEISSIER**

P.-J. MORAT
Professeur
à l'Université de Lyon.

Maurice DOYON
Professeur adjoint à la Faculté
de Médecine de Lyon.

Traité de Physiologie

TOME I. — **Fonctions élémentaires** . . . . **15** fr.
TOME II. — **Fonctions d'innervation**, avec 263 figures . . *Epuisé.*
TOME III. — **Fonctions de nutrition.** — Circul. — Calorif. **12** fr.
TOME IV. — **Fonctions de nutrition** (*suite et fin*). — Respiration, excrétion. — Digestion, absorption, avec 167 figures. . . . **12** fr.

Vient de paraître :

TOME V ET DERNIER. — **Fonctions de relation et de reproduction**

1 *vol. gr. in-8 avec* 221 *figures en noir et en couleurs* . . . **25** fr.

M. WEINBERG et P. SEGUIN
de l'Institut Pasteur de Paris.

La Gangrène gazeuse

Bactériologie. — Reproduction expérimentale.
Sérothérapie.

1 *vol. gr. in*-8 *de* 444 *pages avec figures et* 8 *planches.* . **20** fr.

A. PRENANT — Professeur à la Faculté de Paris.
L. MAILLARD — Chef des trav. de Chim. biol. à la Faculté de Paris
P. BOUIN — Professeur agrégé à la Faculté de Nancy.

Traité d'Histologie

TOME I. — *CYTOLOGIE GÉNÉRALE ET SPÉCIALE*.. (**Épuisé**).
TOME II. — *HISTOLOGIE ET ANATOMIE*. 1 *volume gr. in*-8 *de* 1210 *pages avec* 572 *fig. dont* 31 *en couleurs* . . . . **50 fr.**

PRENANT
Professeur à la Faculté de Médecine de Nancy.

Éléments d'Embryologie

de l'Homme et des Vertébrés

TOME I. — **Embryogénie.** 1 *vol. in*-8, 299 *fig. et* 4 *planches.* **16** fr.
TOME II. — **Organogénie.** 1 *vol. in*-8 *de* 856 *pages avec* 381 *fig.* **20** fr.

A. BESREDKA
Professeur à l'Institut Pasteur.

Anaphylaxie et Antianaphylaxie

Préface de E. ROUX, Membre de l'Institut.

1 *vol. in*-8 *de* 160 *pages*. . . . . **4 fr.**

Précis de
Technique Opératoire

PAR LES PROSECTEURS DE LA FACULTÉ DE MÉDECINE DE PARIS

Pratique courante et Chirurgie d'urgence, par V. VEAU. 5e *édit.*
Tête et cou, par CH. LENORMANT. 5e *édition.*
Thorax et membre supérieur, par A. SCHWARTZ. 4e *édition.*
Abdomen, par M. GUIBÉ. 4e *édition.*
Appareil urin. et app. génit. de l'homme, par P. DUVAL. 4e *édit.*
Appareil génital de la femme, par R. PROUST. 4e *édition.*
Membre inférieur, par GEORGES LABEY. 4e *édition.*

Chaque vol. illustré de nombreuses fig., la plupart originales . . **5** fr.

Aug. BROCA
Professeur d'opérations et d'appareils à la Faculté de Paris.

Chirurgie Infantile

1 *vol. in-8 jésus de* 1136 *pages avec* 1259 *figures, cartonné* . . **25** fr.

Th. TUFFIER
Professeur agrégé à la Faculté de Médecine de Paris
Chirurgien de l'hôpital de la Pitié.

ET

P. DESFOSSES
Chirurgien de l'hôpital Britannique de Paris.

Petite Chirurgie pratique

CINQUIÈME ÉDITION, REVUE ET AUGMENTÉE

1 *vol. in-8 de* 714 *pages avec* 419 *figures* . . . . **20** fr.

OUVRAGES DE
H. HARTMANN
Professeur de Clinique à la Faculté de Paris.

Gynécologie opératoire

Un volume du *Traité de Médecine opératoire et de Thérapeutique chirurgicale.*

1 *vol. gr. in-8 de* 500 *pages*, 422 *fig. dont* 80 *en couleurs, cart.* **20 fr.**

Organes génito-urinaires de l'homme

Un volume du *Traité de Médecine opératoire et de Thérapeutique chirurgicale.*

1 *volume gr. in-8 de* 432 *pages avec* 412 *figures* . . . . **15 fr.**

Travaux de Chirurgie anatomo-clinique

Quatre volumes grand in-8.

1re Série : **Voies urinaires. Estomac,** avec B. Cunéo, Delaage, P. Lecène, Leroy, G. Luys, Prat, G.-H. Roger, Soupault. **15 fr.**

2e Série : **Voies urinaires. — Testicule,** avec la collaboration de B. Cunéo, Esmonet, Lavenant, Lebreton et P. Lecène. . **15 fr.**

3e Série : **Chirurgie de l'Intestin,** avec la collaboration de Lecène et J. Okinczyc . . . . **16 fr.**

4e Série : **Voies urinaires,** avec la collaboration de B. Cunéo, Delamare, V. Henry, Küss, Lebreton et P. Lecène. . . . **16 fr.**

83393. — Imp. Lahure.

www.ingramcontent.com/pod-product-compliance
Ingram Content Group UK Ltd.
Pitfield, Milton Keynes, MK11 3LW, UK
UKHW020330230726
13925UKWH00002B/726

9 782014 039740